ÉVIDENCES INVISIBLES

RAYMONDE CARROLL

ÉVIDENCES
INVISIBLES

AMÉRICAINS ET FRANÇAIS
AU QUOTIDIEN

ÉDITIONS DU SEUIL
*27, rue Jacob, Paris VI*ᵉ

Ce livre est publié sous la responsabilité
de Jean-Luc Giribone
dans la collection « La couleur des idées »

ISBN 2-02-013300-8
ISBN 2-02-009637-4 1ʳᵉ publication

A tous les interculturels

Préface

Mes études d'anthropologie ne m'y avaient pas complètement préparée. Quelques heures après notre arrivée à Nukuoro, un atoll du Pacifique où nous devions faire trois ans de recherches sur le terrain, nous étions installés dans la meilleure maison de l'île, la maison de bois et tôle que le chef s'était fait construire. Le lendemain matin, réveillée très tôt par l'insolite, je découvrais que le chef avait dormi sur le plancher de la véranda (« pour protéger vos affaires », me dit-il), nous avait préparé du café, et avait lavé les couches de notre bébé. Ethnologue avertie, je n'ai rien dit de mon étonnement, j'ai seulement remercié le chef de sa gentillesse. Le lendemain, même scénario, ainsi que le jour suivant. J'avais beau protester, il continuait à laver les couches, malgré l'air évidemment étonné des autres Nukuoro. Il semblait d'ailleurs vouloir attirer l'attention sur cette activité inhabituelle, puisqu'il s'était mis à faire cette lessive en plein milieu de la journée, au vu et au su de tous.

Puis le chef, qui parlait anglais couramment, m'a demandé d'un air sévère si j'avais bien coupé les ongles de mon bébé. Je l'ai donc fait, sous son œil très attentif. Il s'est mis à surveiller tous mes mouvements, mais seulement en ce qui concernait le bébé. Comme c'était, selon les Nukuoro, le premier bébé blanc que la plupart d'entre eux avaient jamais vu et touché, notre fille avait la vedette, et je ne m'étonnais

9

pas outre mesure de ces attentions extraordinaires que lui accordait le chef. Le cinquième jour, j'étais en train de donner de la bouillie à ma fille, sous le même œil critique, quand le chef m'a dit tranquillement qu'il avait décidé, dès notre arrivée, d'adopter notre fille, et qu'il jugeait le moment venu de me le faire savoir.

De théorique et passionnante, l'anthropologie est brusquement devenue un vécu difficile. J'ai compris ce jour-là l'urgence et l'angoisse de certains échanges interculturels.

Dans ce cas, cependant, la difficulté n'était pas insurmontable : la situation était délicate, mais le malentendu était au moins visible, reconnaissable, évident ; il ne s'agissait donc plus que de trouver une réponse adéquate, ce que j'ai fait bien sûr, le premier moment de terreur passé.

J'ai découvert par la suite combien plus lourds de conséquences étaient les malentendus culturels que seule l'analyse pouvait rendre visibles. Mon travail sur le terrain ne s'est plus arrêté depuis. Il a, en fait, envahi mon quotidien.

L'étude qui suit pourrait être présomptueuse si elle n'était, avant tout, un regard sur soi, une autolecture. Elle est le produit d'une enfance et d'une jeunesse polyculturelles, d'un mariage interculturel, d'études et de recherches anthropologiques, d'enseignement de ma langue et de ma littérature en pays étranger, d'amitiés hétéro et homoculturelles en pays étranger. Cette sorte de schizophrénie constamment renforcée, l'analyse culturelle m'a permis de l'amadouer, de l'assumer, et enfin d'en savourer la richesse et la créativité.

J'ai épousé un Américain, ethnologue de profession. Ma culture, Sa culture, les malentendus interculturels, le comique des méprises, la peine des accrochages incompréhensibles, la prise de conscience sans cesse renouvelée de différences profondes et fascinantes, les interprétations, les théories et les discussions passionnées et passionnantes sont depuis plus de vingt ans affaire de tous les jours.

Mon enseignement, dans plusieurs universités américaines, a tiré sa forme et sa perspective d'un commentaire-leitmotiv de mes étudiants face à n'importe quelle sorte de texte français (culturel, littéraire, linguistique, cinématographique, ou musical) : « Je le trouve un peu bizarre », ou encore : « C'était très bizarre », et autres variantes. Pour faire comprendre, pour faire aimer, j'ai dû d'abord comprendre l'étrangeté de ce que j'aimais et que je n'avais jamais eu à mettre en question, le soumettre à une nouvelle sorte d'analyse, l'analyse culturelle.

Cela m'a menée à faire, en France et aux États-Unis, ce que j'avais fait pendant trois ans à Nukuoro, cet atoll polynésien en Micronésie dont j'ai parlé plus haut : de la recherche sur le terrain comme la conçoivent les ethnologues, avec les interviews, enregistrements, observations, notes, et enquêtes d'usage.

En France, j'ai interviewé la majorité de mes informants (je n'aime pas le mot « informateur ») dans les régions suivantes : Normandie, Paris et région parisienne, La Rochelle, Tours, région du Tarn (en particulier dans un très petit village), Midi, au cours d'étés successifs dans les dix dernières années. Entre l'écrivain célèbre et l'ancienne serveuse de quatre-vingt-dix ans, une gamme immense de Français de toutes sortes. Tous se sont prêtés à l'interview avec la même bonne grâce.

Aux États-Unis, je retrouvais des reflets de mon comportement dans celui d'autres Français que je rencontrais en grand nombre. Des Français de toutes sortes, des résidents de longue date, des adaptés, des inadaptables, des fraîchement débarqués, des célébrités en tournée, des visiteurs vierges, des récidivistes, des de tout âge, des de passage, des qui savent tout et des curieux, des enthousiastes et des blasés... des Français et des Françaises. Quelques-uns m'ont irritée, gênée parfois. Mais tous m'ont enrichie de leurs témoignages (conscients ou non), tous m'ont fait cadeau de leur présence, source inépuisable de textes vivants. Je les en remercie ici.

Quant aux Américains, cela fait vingt ans qu'ils m'entourent, toujours présents puisque je vis dans leur pays. Eux aussi, je les ai inlassablement interviewés, enregistrés, observés. Avec eux aussi j'ai bavardé, discuté sérieusement, ri, pleuré, aimé, réfléchi, décidé, tout partagé. Eux aussi, je les en remercie ici.

Des deux côtés, les mêmes remarques sur l'autre culture revenaient avec une régularité convaincante, qui forçait l'attention. Parfois, il me semblait que jamais les Américains et les Français ne pourraient se comprendre, tant les malentendus étaient ancrés. Il y avait pourtant, des deux côtés, le même désir de comprendre l'autre, manifeste dans les réactions intéressées que je recevais quand je proposais mes interprétations. En fait, je me suis mise à écrire ce livre parce que ceux auxquels je faisais part de mes analyses m'ont constamment encouragée à le faire, m'affirmant que ces analyses leur avaient été utiles, et le seraient pour d'autres. Quoi qu'il en soit, j'ai été frappée par la fréquence des malentendus interculturels, par la quantité de petites et grandes blessures essentiellement dues à la différence profonde de nos prémisses culturelles, principalement dans nos relations interpersonnelles proches.

C'est sur ces malentendus entre Français et Américains que j'ai porté mon attention. Ce qui m'intéresse ici, ce n'est pas de comparer « la culture américaine » à « la culture française », tâche immense sinon impossible, mais d'identifier des aires de contact, des points de rencontre entre les deux cultures où il y a, en quelque sorte, accrochage ; c'est-à-dire d'identifier l'espace dans lequel peut naître le malentendu culturel. Bien sûr, les malentendus ne vont pas forcément naître chaque fois que le terrain y est propice. Mais il est important de pouvoir reconnaître ces espaces où le malentendu culturel peut facilement prendre place, et souvent faire mal parce que non identifié comme culturel, c'est-à-dire dû à la différence de présupposés culturels dont nous n'avons pas conscience, à des implicites que nous portons en nous sans le savoir, à notre façon de voir le monde que nous avons apprise, mais qui nous paraît « naturelle », « évidente », « allant de soi ». Je reviendrai là-dessus dans le chapitre d'introduction.

Il est évident que si je soutiens que nos relations interpersonnelles sont informées par nos attentes culturelles, il en va de même de la logique qui informe mes analyses qui, à leur tour, deviennent texte culturel analysable. Ce n'est, en effet, pas un accident qui fait que certains ont besoin d'analyser certaines choses, d'autres pas.

Pour terminer, je voudrais remercier ici très sincèrement ceux qui m'ont aidée de mille façons au cours de mes recherches et de la fabrication de ce livre. Qu'elle s'exprime par la formule habituelle n'enlève en rien sa vérité à ma reconnaissance. Personne n'écrit seul, si nous écrivons dans la solitude.

Je voudrais donc remercier très sincèrement tous ceux et celles qui ont eu la patience et la gentillesse de se laisser interviewer. Leur identité a été, bien entendu, soigneusement déguisée. Si nous nous reconnaissons en eux, c'est parce que nous sommes eux autant que nous-mêmes.

Je remercie Oberlin College d'avoir soutenu mes recherches, et la Fondation franco-américaine, à Paris, de m'avoir permis de consulter quantité de dossiers. Je remercie enfin mes nombreux collègues, mes étudiants, mes amis et ma famille, des deux côtés de l'Atlantique, de m'avoir écoutée, lue, encouragée, soutenue et critiquée sans relâche. Pour le temps qu'ils ont consacré à mon manuscrit, je remercie ici Patricia Baudoin, Pierre Bourdieu, Tama Carroll, Ross Chambers, Isdey Cohen, Dolly Esdraffo, Clifford Geertz, Rémo Guidiéri, Bernadette Hogan, Magdeleine Hours, Simone Kelman, Jacqueline Leiner, Marie-Thérèse Neil, Michel Pierssens, Claudine Raynaud, Francine Roure, Robert Soucy, Pierre Tabatoni, Alexandra Tcherepennikova, Viviane Vareilles, Laurence Wylie. Je remercie enfin Vern Carroll, sans qui je n'aurais peut-être pas découvert l'anthropologie, et sans lequel je n'aurais probablement jamais découvert l'apport de l'analyse culturelle dans un vécu interculturel.

R.C.

Introduction

Dans la série d'essais qui suit, je me suis attachée à découvrir la source de malentendus culturels fréquents entre Français et Américains, dans quelques domaines privilégiés des relations interpersonnelles. Mon propos est de donner un point de départ, de montrer un chemin à qui voudrait comprendre ce qui nous sépare. Cette étude est loin d'être exhaustive. En fait, cette sorte d'étude ne peut, de par sa nature même, être exhaustive. Rien n'illustre mieux cela, à mon avis, que l'histoire que raconte Clifford Geertz à ce sujet dans son livre, *The Interpretation of Cultures*. En voici une traduction plutôt libre (la mienne) :

> Il existe une histoire indienne – du moins me l'a-t-on présentée comme une histoire indienne – sur un Anglais qui, ayant appris que le monde reposait sur une plate-forme qui reposait sur le dos d'un éléphant qui reposait à son tour sur le dos d'une tortue, demanda (c'était peut-être un ethnographe, c'est ainsi qu'ils se conduisent) sur quoi reposait la tortue. Sur une autre tortue. Et cette tortue ? « Ah, Sahib, après ça, ce ne sont plus que des tortues... »

C'est bien en effet ainsi que se présente l'analyse culturelle. Plus on en fait, plus il y en a à faire, et, surtout, plus on veut en faire, cherchant sans fin la tortue sous la tortue.

En quoi consiste cette analyse culturelle ? Je pense ici à un sketch de Raymond Devos, où il se plaint de l'absence de présentateur, et de la difficulté de se présenter soi-même, parce que « si j'dis mon nom, on va dire on l'sait, et si j'le dis pas, on va dire qui est-ce ». J'ai le même sentiment à propos de l'analyse culturelle. Je vais quand même prendre le risque de m'expliquer.

Il y a peut-être autant de définitions de l'analyse culturelle qu'il y a d'ethnologues. Je ne vais donc pas m'embarrasser d'un historique, ou d'une étude comparative franco-américaine de toutes les conceptions diverses. Je vais me contenter d'expliquer, aussi clairement que possible, ce que j'entends par là.

Très simplement, je conçois l'analyse culturelle comme un moyen de percevoir comme « normal » ce qui, chez des gens de culture différente de la mienne, me paraît, au premier abord, « bizarre », « étrange ». Pour arriver à cela, il me faut imaginer l'univers dans lequel tel acte qui me choque peut s'inscrire et paraître normal, peut avoir un sens, et ne pas être même remarqué. En d'autres termes, il s'agit pour moi d'essayer de pénétrer, un instant, l'imaginaire culturel de l'autre.

Pour en arriver là, cependant, le chemin est long et couvert d'embûches. Nous sommes pris, au point de départ, dans un problème qui paraît sans issue. D'une part, notre monde s'étant largement ouvert (grâce aux ethnologues, aux voyages personnels, au cinéma et à la télévision, aux touristes et aux immigrants, aux revendications ethniques et aux guerres d'indépendance), nous sommes conscients de différences, et nous nous battons pour le droit à la différence. D'autre part, la peur (justifiée) du racisme et de ses hideuses conséquences nous pousse à affirmer avec force que nous sommes tous les mêmes, des êtres humains universels. Nous tombons constamment dans ce piège qui consiste à vouloir concilier ces deux vérités, pris entre le désir de nier les différences (nous sommes tous des êtres humains) et celui de les affirmer (droit à la différence). Ce problème n'existe, cependant, que dans une perspective éthique. C'est en effet quand nous voulons faire entrer ces deux vérités dans la hiérarchie de notre système de valeurs que nous nous trouvons coincés, à juste titre. Le problème disparaît cependant dans la perspective de l'analyse culturelle, qui ne s'occupe pas de jugements de valeurs. Bien sûr, nous sommes tous des êtres humains. Mais nous parlons des milliers de langues différentes, ce qui ne nous rend pas moins humains, et nous ne trouvons pas inconcevable d'apprendre une multiplicité de langues « étrangères ». Nous refusons cependant l'idée que nous partageons avec d'autres une autre sorte de langue, dont nous n'avons pas conscience, et qui est notre culture, bien que nous parlions beaucoup, aujourd'hui, de différences culturelles. En effet, si je suis un être culturel, que devient mon individualité dans tout cela ? Où en est mon libre arbitre ? Suis-je un être conditionné et totalement prévisible, comme un rat de laboratoire ? Pour nous débarrasser de ces angoisses, nous devons accepter, une fois pour toutes, la vérité de ce qui suit : le fait que nous sommes des êtres culturels ne nous transforme en rien en numéros de série, n'efface pas nos différences à l'intérieur d'une même culture. De même que nous parlons la même langue mais ne parlons jamais exactement de la même manière, de même nous pouvons appartenir à telle ou telle culture et conserver notre individualité, notre personnalité.

Ma culture est, en effet, la logique selon laquelle j'ordonne le monde. Et cette logique, je l'ai apprise dès ma naissance, dans les gestes, les paroles et les soins de ceux qui m'entouraient, dans leur regard, dans le ton de leur voix ; dans les bruits, dans les couleurs, dans les odeurs, dans les contacts ;

dans la façon dont on m'a élevée, récompensée, punie, tenue, touchée, lavée, nourrie ; dans les histoires que l'on m'a racontées, dans les livres que j'ai lus, dans les chansons que j'ai chantées ; dans la rue, à l'école, dans les jeux ; dans les rapports des autres dont j'étais témoin, dans les jugements que j'entendais, dans l'esthétique affirmée, partout, jusque dans mon sommeil et dans les rêves que j'ai appris à rêver et à raconter. Cette logique, j'ai appris à la respirer et à oublier qu'elle était apprise. Je la trouve naturelle. Elle sous-tend tous mes échanges, que je produise du sens ou le reçoive. Cela ne veut pas dire que je doive être d'accord avec tous ceux qui partagent ma culture : Je ne suis pas forcément d'accord avec tous ceux qui parlent ma langue. Mais leur discours, si différent du mien puisse-t-il être, appartient pour moi au domaine du familier, du reconnaissable. Il en est de même, en quelque sorte, pour la culture.

De cette logique, il est une part qui est tacite, qui est invisible, et c'est la plus importante. Il s'agit des prémisses dont nous tirons constamment nos conclusions. Ces prémisses, nous n'en avons pas conscience parce qu'elles sont, pour nous, des évidences. C'est tout ce qui, pour nous, « va de soi », et est donc transparent.

Il n'est besoin d'analyse culturelle que parce que ma culture n'est pas la seule au monde. Dès qu'il y a contact avec une autre culture (et il y en a eu depuis des siècles), il y a possibilité de conflit. En effet, quand je rencontre X, d'une culture différente de la mienne, j'agis de la façon qui m'est naturelle, tandis que X agit de la façon qui lui est naturelle. Le seul problème, c'est que nos « naturels » ne coïncident pas. La plupart du temps, cependant, nous avons de bons rapports parce que si nos « évidences » ne coïncident pas, cela ne veut pas dire qu'elles soient forcément en conflit. C'est en effet seulement quand il y a conflit qu'il y a problème. Mais comme le propre de l'évidence, c'est de se poser comme telle, de ne

18

pas être mise en question, le malaise ou la peine que je ressens dans une situation de conflit, je ne vais pas l'attribuer à une interprétation erronée de ma part, mais je vais plutôt l'attribuer à une, ou des caractéristiques inhérentes à l'autre. C'est-à-dire qu'au sortir d'une expérience interculturelle qui m'a gêné(e), chiffonné(e) sans que je sache vraiment pourquoi, ou même sans que j'aie conscience de ma gêne, j'aurai tendance à dire des phrases du genre : « Les Américains sont... » ou « Les Français sont... » Autrement dit, si les stéréotypes ont la vie dure, ce n'est pas parce qu'ils contiennent un grain de vérité, mais plutôt parce qu'ils expriment et reflètent la culture de ceux qui les énoncent. Ainsi, quand, français, je dis : « Les enfants américains sont gâtés, mal élevés », je n'exprime pas une vérité première, mais je renvoie plutôt à la conception française de l'éducation des enfants, qu'inconsciemment j'ai appris à considérer comme la vérité, alors que c'est ma vérité (française). Quand, américain, je dis : « Les Français sont grossiers *(rude)*, ils ne vous laissent pas parler, ils vous interrompent tout le temps », je ne fais que renvoyer aux règles implicites de la conversation américaine. Mais, pour comprendre cela, il faut d'abord que je prenne conscience de la lecture, de l'interprétation que j'apporte au texte culturel, du filtre à travers lequel je perçois, j'ai appris à percevoir le monde. En d'autres termes, avant de pouvoir comprendre la culture de l'autre, je dois prendre conscience de ma propre culture, de mes présuppositions culturelles, des implicites qui informent mon interprétation, de mes évidences. Ce n'est qu'après avoir franchi cette étape, en fait la plus difficile, que je pourrai commencer à comprendre les présuppositions culturelles de l'autre, les implicites qui donnent sa logique à un texte jusqu'alors opaque.

L'idée que mon regard transforme ce que je vois est aujourd'hui très familière, presque un lieu commun. Malheureusement, le fossé est grand entre ce savoir et la prise de conscience de la façon dont mon regard transforme. Les difficultés ne s'arrêtent pas là. Même si je suis prêt(e) à reconnaître le filtre que mon regard (pris en son sens le plus large) interpose entre le monde et moi, je l'attribuerai probablement à mon sens artistique, mon originalité, mon « style », ma vision du monde (traits dont je ne suis pas mécontent(e)), ou encore à mon humeur (donc temporaire). Voilà mon individualité bien affirmée et confirmée.

Ce qu'il m'est très difficile d'accepter, c'est l'idée que mon regard est en même temps profondément français (ou américain), et en ce sens semblable aux autres regards français, identifiable comme tel. Bien sûr, je sais que nos manières de table et celles des Américains ou des Chinois sont différentes. Je sais que dans certaines cultures, il est poli de roter à la fin du repas, je sais que dans d'autres, on montre ses seins mais non ses cuisses, j'ai lu, j'ai vu, j'ai voyagé, j'ai entendu dire, bref je suis fille (fils) de ce siècle. Mais de là à accepter que je sois un être culturel dans ma façon d'aimer (et pas seulement de faire l'amour) et de haïr, dans mes amitiés, mes rêves, mes fantasmes, mes colères, bref ce qui fait de moi un être humain comme tous les autres êtres humains, il y a un très long chemin à parcourir.

Sur ce chemin, deux obstacles majeurs. Le premier, mentionné plus haut, est constitué par la peur de se penser contrôlé par une force extérieure (que serait la culture), transformé en automate. Cette peur disparaît dès que je me rends compte que :

1. Ma culture n'est pas extérieure à moi, je la fabrique en même temps qu'elle me fabrique ; elle n'est pas plus extérieure à moi que ma pensée ; elle me produit et je la produis.

2. L'énoncé culturel, dont la prémisse m'est invisible, appartient à un niveau d'abstraction tel, qu'il permet et recouvre une très grande gamme de variantes au niveau du vécu. En d'autres termes, X et moi pouvons agir de façons très dissem-

blables, et en même temps réaffirmer, au niveau de la production de sens, la même proposition culturelle, comme cela sera illustré dans les essais qui suivent. Le deuxième obstacle est tout à fait différent du premier. En effet, il ne s'agit plus de résistance mais de technique : A supposer que je veuille prendre conscience de cet être culturel que je suis, que je veuille prendre conscience de mes évidences invisibles pour aller vers celles de l'autre et éviter le malentendu interculturel, comment vais-je m'y prendre ? Comment faire de l'analyse culturelle ?

Plusieurs ethnologues, en particulier Gregory Bateson, Vern Carroll et Clifford Geertz, ont donné de l'analyse culturelle des modèles auxquels je souscris, bien qu'ils diffèrent sur bien des points. Ceux qui désirent acquérir des connaissances plus poussées dans telle orientation théorique anthropologique pourront lire leurs ouvrages, dont plus d'un est traduit en français. Pour qui veut simplement (!) apprendre à éviter le malentendu interculturel, je donne ici une recette facile à suivre mais efficace.

La première étape consiste à faire, en quelque sorte, le vide. Je dois, avant tout, éviter toute tentation de découvrir les causes profondes de la spécificité culturelle de tel ou tel groupe. C'est-à-dire que je dois éviter la tentation de l'explication psychologique ou psychanalytique (« parce que les mères américaines... », « parce que les Français ne supportent pas l'autorité... ») ; éviter la tentation de l'explication écologique (« parce que les X manquent de protéines »), géographique (« vivent dans l'air raréfié des montagnes »), météorologique (« à cause de l'abondance des pluies »), ou démographique (opposition village/ville, etc.) ; éviter la tentation de l'explication économique (« parce qu'ils sont capitalistes »), religieuse (« les Français catholiques », « les Américains puritains »),

21

historique (rôle des invasions, guerres...), ou encore sociologique (« la famille américaine est telle parce que les gens
bougent beaucoup »), et ainsi de suite. Cela ne veut absolument pas dire que ces explications, ou différentes sortes
d'analyse, soient inférieures à l'analyse culturelle. Cela veut
simplement dire qu'elles ne portent pas sur la culture, qu'elles
relèvent d'un autre domaine, si apparenté soit-il à la culture.
En effet, par l'analyse culturelle je ne cherche pas à savoir
pourquoi les choses sont comme elles sont, ou à découvrir leur
nature profonde (ce qu'elles sont). Je cherche plutôt à
comprendre le système de communication dans lequel du sens
est produit et reçu à l'intérieur d'un groupe. Je cherche à
savoir ce que veulent dire les choses (que ce soit un mode de
conduite, une attente, ou un discours). Je reviendrai d'ailleurs
là-dessus.

La deuxième étape consiste à faire, en quelque sorte, le
guet. Je dois en effet écouter mon propre discours, et apprendre
à reconnaître les jugements de valeur que je porte quand je
crois (sincèrement) décrire. Les plus faciles à reconnaître ont
la forme mentionnée plus haut : « Les Français (/les Améri-
cains/les Japonais...) sont... » suivi d'un adjectif (« arrogants »,
« grossiers », « froids »...). Quand je fais cela (et nous le faisons
à un rythme incroyable), je ne suis pas en train de décrire,
mais d'attribuer des caractéristiques de mon choix à l'autre.
C'est, en fait, l'équivalent de : « Je trouve les X tels ou tels »,
mais l'assertion : « Les X sont... » a une forme de vérité
générale très convaincante.

Une fois ces phrases facilement dénichées, il faut veiller à
surprendre celles du genre : « Les Français (les Indiens, les
Américains...) n'ont pas le sens de... », « ne savent pas... », et
autres négatives qui suggèrent un manque. Dans ce cas, en
effet, le seul manque que je reproche à ces X, c'est l'absence
de ma culture. Ce que je dis, en fait, c'est que les X n'ont
pas « mon » sens de quoi que ce soit.

Dès qu'on est consciemment prêt à le faire, il devient de plus en plus facile de piéger ces phrases. Cela finit d'ailleurs par devenir automatique.

La pratique de la prise de conscience bien établie, je peux alors me tourner vers l'analyse d'un texte culturel. Quel texte culturel ? Cela peut être toutes sortes de choses. Je me trouve en face d'un texte culturel quand, toute difficulté linguistique écartée, j'éprouve un sentiment de « bizarre », je suis confronté(e) à une opacité que je ne peux faire disparaître sans avoir recours à l'explication : « Les X sont... », qui est, on l'a vu, tout autre chose qu'une explication. Cela peut m'arriver en voyant un film étranger, ou cela peut surgir dans mon quotidien, faire partie d'une expérience vécue. Comment donc découvrir la logique selon laquelle cette opacité n'en est plus une ?

D'abord se rappeler l'expérience en détail, la revoir « au ralenti ». Cela demande quelque effort, parce qu'on a l'habitude, en général, de se rappeler une expérience dans ses grandes lignes, et surtout comme on l'a déjà interprétée. Il serait même utile, au début, de tout mettre sur papier, ce qui aide la mémoire et permet d'être un peu plus détaché. Il serait encore plus efficace de laisser se reposer le texte ainsi construit, pour ne le reprendre que plus tard. De plus en plus de détails reviennent alors à la mémoire.

Maintenant que j'ai le texte sous les yeux (littéralement ou pas), je peux voir plus clairement pourquoi j'ai trouvé l'expérience bizarre ou même désagréable (elle peut même avoir été douloureuse). Mettant cela de côté, je dois essayer d'imaginer un contexte dans lequel cette expérience ne devient plus choquante ou désagréable, imaginer un univers dans lequel ce « bizarre » devient « normal ». Bien sûr, il ne s'agit pas de trouver n'importe quelle interprétation qui me passe par la tête, et qui soit différente de ma première interprétation. Il me faut trouver une interprétation dont la validité soit vérifiable, c'est-à-dire une proposition culturelle qui soit affirmée ailleurs, peut-être sous une forme très différente, dans la même culture.

Un exemple. Un jour à Nukuoro, j'ai offert une belle pièce de beau tissu à ma voisine, une vieille femme importante dans la communauté à cause de sa connaissance des traditions, contes et légendes, et médecine indigène. Cela n'avait en soi rien de surprenant, des cadeaux de toutes sortes sont échangés pratiquement tous les jours. Je n'oublierai jamais, cependant, la manière dont le mien a été reçu à cette occasion. La femme a jeté de côté mon beau tissu, puis s'est littéralement mise à « m'engueuler » pour lui avoir fait ce cadeau. Je suis rentrée dans ma cabane, très secouée et près des larmes. Un tissu que j'avais mis tant de soin à choisir, à des milliers de kilomètres de cette île où l'on ne pouvait rien acheter d'autre que du copra... Ma première réaction a été de me demander pourquoi elle m'en voulait, ce que j'avais fait pour la mettre en colère, quelle grave erreur contre l'usage (que pourtant je croyais alors bien connaître) j'avais commise. Puis, ethnologue sur le terrain, j'ai décidé que ma réaction était probablement ethnocentrique, que je devais chercher ailleurs. A ce point, j'aurais pu imaginer toutes sortes de choses différentes de ma première interprétation. Par exemple, qu'elle n'avait rien mangé de toute la journée et qu'elle était de mauvaise humeur. Il est évident cependant que ce genre d'explication serait purement fantaisiste, difficile à justifier, et, de plus, stérile.

La fille de cette vieille femme, une de mes principales informantes (je rappelle ici que je préfère ce mot à : informateur/trice), et que j'ai vue peu de temps après cette expérience, m'a mise sur la voie. Elle avait déjà vu mon cadeau chez sa mère (le village est tout petit, et cela se passait à trente ou quarante mètres de chez moi). En mentionnant le cadeau, qui était très beau selon elle, elle m'a demandé si sa mère ne m'avait pas « engueulée » (le mot nukuoro serait l'équivalent de « bouillir à gros bouillons »), et, sans attendre ma réponse, m'a dit de ne pas m'inquiéter si elle l'avait fait, que sa mère avait beaucoup aimé le tissu, et qu'elle le porterait sûrement à l'église le dimanche suivant (preuve qu'elle avait apprécié le cadeau et qu'elle voulait que les autres le voient).

Pourquoi donc ces cris à mon égard ? Évidemment, je n'étais pas en cause, mon goût non plus. Il fallait donc chercher du côté du sens que l'on donne à l'échange, et au don, à Nukuoro. Qui fait un cadeau à qui ? Dans quelles circonstances ? De quelle nature ? Etc. Bref, il devint de plus en plus clair qu'en faisant un cadeau, je me mettais, ne serait-ce que temporairement, dans une situation de « supériorité », dans le sens que c'était moi qui donnais, et elle qui recevait. (L'analyse devrait être beaucoup plus détaillée et fine, mais cela devrait suffire ici pour l'exemple.) En gros, disons qu'en criant et en s'indignant, elle rétablissait l'ordre : elle n'avait aucun besoin de ce tissu qu'elle traitait comme insignifiant, et l'acceptait, en quelque sorte, pour me faire plaisir, parce qu'en refusant elle m'insulterait et couperait les liens quasi familiaux que nous avions établis, et qu'elle voulait évidemment maintenir puisqu'elle acceptait. En me concentrant sur le discours de la vieille femme, je me suis aussi rappelé qu'elle me disait quelque chose comme : « Pourquoi est-ce que tu me donnes cela ? Est-ce parce que je t'ai raconté la légende de Vavé ? Est-ce parce que je t'ai apporté du taro ?... Etc. » Ce faisant, elle me rappelait, par une longue liste, que je n'avais pas épuisé ma dette à son égard, que j'étais encore donc son « inférieure » (comme peut l'être un enfant), que j'étais encore liée à elle. Et cette conduite était évidemment « normale » pour un(e) Nukuoro, comme je l'ai vérifié plus tard, bien que personne d'autre n'ait agi de manière aussi extrême.

Ce qui précède donne un exemple, extrêmement abrégé, de la manière dont fonctionne l'analyse culturelle. En trouvant mon interprétation dans le sens du cadeau, je me donnais la possibilité de vérifier la validité de cette interprétation dans d'autres domaines de cette culture.

L'étape suivante consiste à essayer de découvrir, par l'analyse d'autres expériences, ou de textes écrits (journal, roman, publicité, code civil, etc.) ou oraux (contes et légendes, films, conversation, etc.) – la liste est longue –, d'autres domaines dans lesquels la même proposition culturelle semble être affirmée, mais de façon apparemment différente. Ainsi, mon interprétation ci-dessus s'est trouvée confirmée, entre autres, par la manière dont une légende biblique avait été transformée (involontairement) par l'église locale.

Une fois la technique de l'analyse familière, il ne me reste plus qu'à m'exercer, jusqu'à le faire avec aisance, à ce va-et-vient continu « ta culture » – « ma culture ».

Une mise en garde. Nous sommes souvent intimidés à l'idée de tenter cette incursion dans l'imaginaire culturel de l'autre, de nous lancer avec confiance dans l'analyse culturelle, parce que nous sommes persuadés, au fond, que cela constitue un acte d'arrogance de notre part. En effet, comment puis-je prétendre comprendre la culture des Japonais ou des Allemands, si je ne peux vraiment comprendre mon voisin, mes parents, mes enfants ? L'analyse culturelle n'est pourtant pas un acte d'arrogance, mais bien au contraire un acte d'humilité dans lequel j'essaie de faire abstraction, pour un moment, de ma façon de voir le monde (la seule que j'aie appris à trouver valable) et de la remplacer brièvement par une autre façon de penser ce monde, façon que par définition je ne peux adopter (même si je le voulais), mais dont j'affirme la validité par ce geste.

Il est plus facile de comprendre la nature et le but de l'analyse culturelle, telle que je l'entends, si l'on pense à la traduction.

Pour comprendre une langue étrangère j'ai besoin, métaphoriquement parlant, d'une grammaire et d'un dictionnaire. Ils ne suffisent pas, cependant, à me faire pénétrer les mystères de cette langue étrangère. J'ai besoin de savoir le sens des mots arrangés d'une certaine façon dans un certain contexte. Mieux je saurai me servir de ces deux outils, de cette « grammaire » et de ce « dictionnaire », moins je ferai de contresens dans mon interprétation du texte. Et mieux je connaîtrai une langue, plus je serai conscient(e) non seulement de nuances, mais aussi de difficultés, d'opacités jusqu'alors non apparentes. Ce que je dis ici n'a rien de neuf. Nous sommes tous d'accord sur ce point. C'est bien pour cela que je le rappelle ici. Ce que nous acceptons de la traduction, exercice difficile mais loin d'être impossible heureusement, nous n'avons aucune raison de ne pas l'accepter de l'analyse culturelle. Comme pour la traduction, le principe en est simple (comprendre ce que veut dire l'étranger, à sa manière), si la pratique en est ambitieuse et difficile. De la même façon que pour et par la traduction, si je veux faire de moins en moins de contresens dans mon interprétation de l'étranger, je dois m'entraîner sans cesse à l'analyse culturelle, accepter l'idée que plus j'en ferai, plus je devrai en faire (et voudrai en faire), et surtout me résigner (c'est en effet ce qui nous trouble le plus) au fait que je n'atteindrai jamais la vérité, mais une vérité.

Ce qui demande peut-être le plus d'entraînement, c'est d'arriver à cerner l'opacité. Parce que en effet tout n'est pas opaque, au contraire. Une très grande partie des échanges interculturels se fait sans aucun problème, tout comme il est possible de « très bien se débrouiller » dans une langue étrangère, de la parler même « couramment », mais d'être totalement incapable de bien traduire un texte dans cette langue. Il est aussi possible d'apprendre toutes sortes de règles explicites, et de les respecter (même en se faisant violence). On peut longtemps résider dans un pays étranger, parler la langue

27

du pays, et s'y faire de nombreux « amis » sans jamais vraiment en comprendre la culture, sans jamais se défaire d'une certaine division entre « eux » (lire « bizarres » par certains côtés) et « nous » (adaptables mais détenteurs d'un meilleur système). Ceci est plus visible chez les immigrants qui arrivent déjà en couple ou en famille, et développent un *modus vivendi* entre culture de la maison et culture de l'extérieur. Cette juxtaposition est non seulement possible, elle est courante quand seuls quelques membres de la famille font le va-et-vient entre les deux mondes culturels (soutien de famille, jeunes enfants). Mais dès que je fais disparaître ces barrières (ces garde-fous ?) dans mon quotidien, que j'ai affaire à cette autre culture dans mon travail, mes amitiés, mon couple, mon quartier, mon marché, mon temple, l'éducation de mes enfants, etc., j'ai alors mille occasions de faire l'expérience du malentendu interculturel, d'interpréter à ma manière un geste ou un discours qui s'inscrit dans une autre manière de faire, et qui exige un autre filtre, de traiter une opacité comme si c'était une transparence. D'où les petites (et parfois grandes) blessures, qui font d'autant plus mal qu'on ne sait pas les attribuer à un malentendu interculturel, et qu'on les attribue alors aux défauts de l'autre ou à ses propres insuffisances. C'est en effet dans les rapports interpersonnels, là où l'on se sent le plus en sécurité, le moins sur ses gardes, entre amis, entre copains, entre amants, entre collègues, entre proches, etc., que le malentendu culturel a le plus de chances de surgir. Parce que nous supposons à tort que, dans ce domaine, nous sommes, au fond, tous les mêmes, Américains, Français, tous des êtres universels. Nous ne sommes pas les mêmes, mais c'est loin d'être une catastrophe, au contraire. En effet, l'un des plus grands avantages de l'analyse culturelle, outre celui d'élargir notre horizon, c'est de transformer le malentendu culturel, de source de blessures parfois profondes, en exploration fascinante et inépuisable de l'autre.

Dès que j'ai pris conscience de tout ce qui précède, ce qui me reste à faire (la pratique) exige de la patience et une très grande discipline intellectuelle, mais n'est pas difficile, du point de vue de la technique. C'est cependant un travail difficile, épuisant parfois, du point de vue affectif. L'analyse culturelle peut être plus douloureuse que l'analyse psychanalytique, si douloureuse que puisse être celle-ci. Elle passe en effet par une remise en question du tissu même de mon être, et exige un effort d'autant plus grand que je suis parfaitement intégré(e) à mon groupe et y fonctionne sans heurt. Je dois aussi m'y engager tout en sachant que je ne pourrai jamais complètement changer cette manière d'être et de penser qui m'est devenue totalement involontaire et nécessaire, comme respirer. Cela veut dire que certains traits que j'avais peut-être remarqués dans d'autres participants de ma culture, je vais les retrouver en moi, que je le veuille ou non ; que je pourrai découvrir ainsi une parenté, pour moi détestable, entre certains participants que je hais ou désapprouve, et moi-même. Cela veut aussi dire que je vais en quelque sorte m'aliéner de moi-même, me regarder au moment où je m'y attends le moins. Mais il ne faut pas s'inquiéter outre mesure. Quoi que je fasse, je continue à réagir comme j'ai toujours réagi. La seule différence, c'est que je peux mieux comprendre ma « spontanéité » sans pour cela la perdre. Et quand il s'agit de rapidement comprendre un malentendu qui m'a fait de la peine, m'a mis(e) en colère, m'a déçu(e), etc., c'est un grand avantage. Quand il s'agit de découvrir d'autres imaginaires, d'autres mondes, c'est un enrichissement que je souhaite à tous.

INTRODUCTION

Dans les pages qui suivent, je vais donner mon analyse, mon interprétation de certains malentendus qui se produisent régulièrement entre Américains et Français. Je me suis attachée à analyser quelques aspects de nos relations interpersonnelles, et à découvrir les différences dans les prémisses culturelles qui informent ces relations interpersonnelles. Là, en effet, est la source du malentendu interculturel. J'ai choisi la culture française et la culture américaine parce que ce sont celles que je vis, et que j'ai passé des années à étudier. Mais les principes sur lesquels sont fondés ces essais sont applicables à la rencontre de n'importe quelles cultures. J'espère que d'autres trouveront ce travail utile dans leur propre vie, le continueront et l'élargiront. Ce n'est qu'un début, nous n'en sommes qu'à la première tortue.

Une petite mise en garde : J'ai choisi de dire « je » pour représenter les autres tout aussi bien que moi. Il sera donc possible de trouver, dans mon texte, des phrases juxtaposées où « je » est tantôt masculin, tantôt féminin, tantôt français, tantôt américain, tantôt singulier, tantôt pluriel.

La maison

Il y a plusieurs années, un ethnologue américain rentrant de France où il avait passé l'été, à son retour d'Afrique, me dit que ce qui l'avait beaucoup impressionné en France, c'était la méfiance des gens qui gardaient toujours leurs persiennes fermées. L'idée même de persiennes... Cela rendait les rues particulièrement lugubres, c'était comme si tous ces villages étaient inhabités, ou comme si on vous épiait de derrière ces volets (cet ethnologue ne faisait pas ses recherches en France).

Quand ma mère est venue me rendre visite aux États-Unis, elle a beaucoup aimé le style « villa » ou « pavillon » des maisons, les grandes pelouses, la diversité, l'espace. Puis, nous étions tranquillement assis au salon, quand elle a brusquement pris conscience de la grande baie vitrée et m'a dit, visiblement choquée : « Mais tu vis dans la rue ! » Et je comprenais exactement ce qu'elle ressentait. Il m'a fallu des années pour m'habituer à « vivre dans la rue ». Et je réagis encore avec un reste de surprise quand je me promène, le soir, dans mon quartier, et que je peux voir jusqu'au fond de chaque maison. Les gens lisent, regardent la télé, font la fête, dînent, font la vaisselle, que sais-je, sans tirer les rideaux, apparemment pas le moins du monde gênés par ce regard plongeant sur leur vie. Et encore aujourd'hui, c'est toujours moi qui ferme les rideaux chez nous, sous le regard amusé de mon mari américain.

31

Les pelouses, autour des maisons américaines, montrent ce même refus de séparation entre la maison et la rue. Dans certaines villes américaines, le trottoir lui-même disparaît, la pelouse ne s'arrête qu'à la chaussée, et le (la) propriétaire de la maison est responsable de son entretien (comme d'ailleurs de l'entretien du trottoir). L'espace prend la place des murs, barrières ou palissades, dont le rôle est rempli parfois par des buissons ou des arbres. Mais la ligne de démarcation n'est pas vraiment nette. Ainsi au printemps, ou en été, il est fréquent de voir des promeneurs s'asseoir quelque temps sur votre pelouse pour se reposer, sans toutefois qu'ils aillent jamais au-delà d'une limite implicite. Les jardins et pelouses à l'arrière des maisons se fondent l'un dans l'autre dans certaines petites villes américaines, mais sont plus souvent séparés par des haies pas bien hautes, par-dessus lesquelles les voisins s'offrent réciproquement les produits de leurs jardins, ou bavardent tout simplement. Une vieille tradition américaine veut que, quand une famille emménage dans un quartier, ses voisins immédiats viennent lui souhaiter la bienvenue en apportant café chaud et petits gâteaux. J'en ai été bénéficiaire dans deux villes différentes de plus de cent mille habitants (je parle ici de maisons, pas d'appartements).

On comprend alors la réaction étonnée des Américains face aux murs, grilles, persiennes, rideaux tirés qui « défendent » les maisons françaises, ainsi que le sentiment de malaise qu'un Français pourrait ressentir devant ces maisons américaines « ouvertes à tout vent ». Mais ces différences ne posent pas vraiment de problèmes. C'est à l'intérieur de la maison que les impairs ou les malentendus ont de plus fortes chances de surgir.

Dick et Jill sont invités à dîner chez Pierre et Jeanne. La conversation s'anime pendant l'apéritif, Pierre, enthousiaste, parle d'un livre qui, selon lui, intéresserait beaucoup Dick. D'ailleurs il l'a, va le chercher dans son bureau. Alors qu'il se dirige vers cette pièce, il s'aperçoit, déconcerté, que Dick lui a emboîté le pas. Jeanne va à la cuisine vérifier que rien ne brûle. Elle est tout aussi déconcertée de voir Jill arriver, juste derrière elle, à la cuisine. Jill propose de l'aider : « Non, non, merci tout est prêt... » Ou bien, à la fin du repas, Jill se lève pour débarrasser la table, emporte les assiettes à la cuisine, ou encore Dick propose de faire la vaisselle. Protestations de Pierre et Jeanne qui, s'ils ignorent les habitudes américaines, risquent fort de trouver Jill et Dick « envahissants » et plutôt « sans gêne », ou d'avoir « honte » que Dick ou Jill aient vu les pièces « dans un désordre incroyable », « mais, qu'est-ce que tu veux, je ne m'attendais pas à ce qu'il me suive comme ça jusqu'au fond de la maison, je ne savais pas comment l'arrêter... » En fait, il aurait suffi de dire : « Je reviens dans une minute » pour que Dick ne se lève même pas, ne se sente pas obligé d'accompagner Pierre puisque c'est pour lui que Pierre « se dérange ».

Des Français s'étonnent souvent que la première fois qu'ils sont arrivés chez des Américains, leurs hôtes leur aient fait faire un tour de la maison, et interprètent cela comme « un désir d'épater ». Sans exclure cette possibilité, il est important de comprendre cependant que, pour des Américains, c'est faire que vous puissiez « vous sentir chez vous » en vous donnant l'occasion d'abord de reconnaître, pour ainsi dire, le terrain. Ainsi, au lieu de prendre votre manteau quand vous arrivez à une soirée, l'hôte vous indiquera plutôt dans quelle chambre à coucher, et à quel étage, « les manteaux vont ». Ce qui, entre autres, vous permettra de vérifier votre coiffure ou ce que vous voudrez, dans le miroir de la salle de bains tout à côté. Et la soirée, si elle est « réussie », déborde sur toutes les pièces du rez-de-chaussée, avec une prédilection marquée pour la cuisine. Les invités se servent eux-mêmes au bar dressé pour l'occasion (à moins que ce soit plus « formel »), vont directement prendre une bière au frigo, bref s'efforcent au maximum de faire tout eux-mêmes, de ne pas « embêter » leur hôte qui a bien aussi le droit de s'amuser. Cela veut dire que les placards et les tiroirs risquent fort d'être ouverts et refermés sans aucune hésitation, ce qui donnerait à des Français l'impression d'être « envahis », ou que leurs invités « ont fouillé partout ».

Ces quelques exemples, et il y en a beaucoup d'autres, montrent déjà combien diffère le rapport à la maison dans les deux cultures.

Un informant français m'a dit qu'il n'était jamais entré dans la cuisine de sa grand-mère, chez qui il déjeunait une fois par semaine, jusqu'au moment où elle est devenue très vieille et moins mobile et s'est résignée à l'envoyer chercher quelque chose à la cuisine pendant le repas. Si la division privé/public est clairement marquée à l'extérieur de la maison par la division rue/maison, grâce aux murs, barrières, ou rideaux tirés, cités plus haut, elle n'est pas si claire à l'intérieur de la maison française, mais la ligne de démarcation n'en existe pas moins, bien qu'implicite. En effet, il est possible de connaître le degré d'intimité qui existe entre A et B si l'on sait à quelles pièces de la maison de A, B aura accès. L'inconnu, l'étranger reste à la porte. Puis on ouvre son entrée, puis son salon, puis sa salle à manger (et, à la rigueur, les toilettes). Beaucoup de visiteurs n'iront jamais plus loin. Les amis des enfants peuvent avoir accès à la chambre des enfants dont ils sont amis, et, ce faisant, à la cuisine pour boire ou prendre un goûter s'ils sont des habitués. La salle de bains, séparée des toilettes, reste d'accès difficile, est réservée à ceux que l'on peut inviter à passer la nuit sous son toit. Le frigo, les armoires et les tiroirs sont rarement d'accès libre, sauf à ceux que l'on considère comme les véritables « intimes » de la maison. La pièce qui demeure sacrée, c'est la chambre à coucher des parents. Bien sûr, il s'agit ici d'une maison qui disposerait de toutes ces pièces, mais ce n'est pas l'espace qui est significatif, dans ce contexte, mais la façon dont il est ouvert ou non à tous ceux qui ne font pas partie de la famille dite « mononucléaire » (qui comprend seulement parents et enfants). Ainsi, si mon beau-père ou ma belle-mère, ou même mon père ou ma mère, vit sous mon toit, cela ne lui donne pas automatiquement accès à ma chambre à coucher, bien au contraire.

Tout ce qui précède, les Français « bien élevés » le savent. Mais il est facile d'imaginer tous les malentendus qui peuvent naître quand des Américains sont invités par des Français, ou vivent pendant quelque temps dans leur famille (échanges linguistiques).

De la même façon, il y a des malentendus dans le sens inverse, ce qui pourrait paraître surprenant vu la « décontraction » avec laquelle l'Américain vous ouvre sa maison. Un écrivain français, dont je tairai le nom, a écrit un livre pour expliquer les Américains aux Français. Il y raconte avec enthousiasme que si la maîtresse de maison vous reçoit en bigoudis, c'est justement pour que vous puissiez tout de suite vous mettre à l'aise, vous « sentir comme chez vous ». Jusqu'ici, pas de problème. M. X décrit le confort de la chambre qui lui est réservée, mentionne les petites attentions comme la présence de papier à lettres et de timbres sur le bureau. Puis la femme de chambre (personnage plutôt rare sauf dans certains milieux) lui demande s'il va dîner avec ses hôtes, et ce qu'il aimerait pour dîner. Le premier soir, il descend dîner avec ses hôtes, nous dit-il. Et puis le deuxième soir, fort de la « décontraction » de ses hôtes et de leur « gentillesse », et puisqu'il avait beaucoup de travail à faire, il décide de dîner dans sa chambre, et « commande à la femme de chambre un steak et des frites ».

Si l'écrivain en question a réellement fait cela, il est certain que ses hôtes ont respecté ses désirs. Mais il est aussi plus que probable qu'ils ont mis cela sur le compte de « l'arrogance bien connue » des Français, ou du moins qu'ils ont été profondément étonnés de la « grossièreté » de ce Français que pour rien au monde, cependant, ils n'auraient éclairé sur son impair « monstrueux ». (Les deux questions veulent dire : 1. « Avez-vous l'intention de dîner dehors ? », et 2. « Nous essayons au maximum de vous faire plaisir », ou quelque chose d'équivalent.) Un malentendu regrettable couronne ici les meilleures intentions : l'écrivain-personnage a l'air d'être un goujat, alors que c'est au contraire son enthousiasme pour l'hospitalité américaine (telle qu'il la comprend) qui lui fait commettre, à son insu, une erreur de politesse.

Le malentendu est facile à comprendre. En effet, quand des Américains vous hébergent, ils vous montrent, dès votre arrivée, votre chambre, la salle de bains et donc aussi les toilettes, l'emplacement des serviettes de toilette (de rechange si on en a déjà mis dans votre chambre à votre intention), la cuisine et tout ce qu'il vous faut pour faire un café ou un thé si vous vous réveillez au milieu de la nuit, et enfin le frigo, en vous invitant à « faire comme chez vous » et à « vous servir librement » *(« Help yourself to anything you want »).* Il est donc possible qu'entraîné par l'enthousiasme devant « tant d'ouverture », on ait l'impression d'avoir tous les avantages de l'hôtel à la maison, et qu'on finisse par obéir à la lettre à l'invitation à ne pas se gêner. Il est en effet quasi impossible, sans analyse culturelle, de reconnaître la ligne de démarcation à ne pas dépasser, qui demeure totalement implicite. Tous les Américains auxquels j'ai raconté cette histoire ont été choqués par l'impair, surpris qu'une erreur aussi grave ait été possible.

Alors qu'il suffit de pousser la logique au-delà de la ligne invisible pour le commettre.

Une étudiante américaine, qui a passé un an dans une famille française, me racontait qu'une gêne s'était développée vers la fin de son séjour, qu'il y avait eu une sorte de brouille, pour des raisons qu'elle ne comprenait pas. Après toutes sortes de questions de ma part, nous avons reconstruit le malentendu comme suit. Au début de son séjour, parce qu'elle ne connaissait pas encore la famille, elle passait un bon moment à bavarder avec la mère et les enfants avant de rentrer travailler dans sa chambre au retour de l'école. Ne se sentant pas encore à l'aise, elle gardait la porte de la chambre ouverte. Beaucoup plus tard, quand elle a senti qu'elle « devenait membre de la famille », et qu'elle se sentait réellement comme chez elle, elle s'est mise (inconsciemment) à faire exactement comme chez elle. C'est-à-dire qu'en rentrant de l'école, elle disait simplement bonjour et rentrait directement dans sa chambre travailler, et, automatiquement, fermait la porte. C'est à ce moment-là que la famille, qui a dû se sentir rejetée sans comprendre pourquoi, s'est mise à la traiter avec plus de distance, « comme une étrangère ». Ce n'est qu'après notre discussion qu'elle s'est rendu compte que ce qui pour elle était une sorte de compliment à l'égard de la famille (ils la faisaient se sentir comme chez elle), était au contraire une insulte (non méritée et d'autant plus incompréhensible) pour la famille qui la traitait comme un d'entre eux.

Une autre étudiante, qui, elle, vivait dans un petit hôtel transformé en résidence pour étudiants étrangers, m'a raconté une expérience désagréable qu'elle ne comprenait pas. L'histoire, ici encore, tourne autour d'une porte. Un samedi matin, comme ni elle ni sa camarade de chambre n'avaient cours, elles ont dit à la femme de chambre qu'elles feraient leurs lits elles-mêmes, parce qu'elles voulaient faire la grasse matinée. La femme de chambre, selon elle, est ressortie d'un air très fâché. Le samedi suivant, pour être sûres de ne pas être réveillées, elles ont mis sur la poignée extérieure de la porte un « Prière de ne pas déranger ». Cela n'a en aucune manière arrêté la femme de chambre, qui a frappé à la porte et est entrée. Les deux jeunes filles l'ont laissée faire, parce que « la seule autre solution, très pénible pour des Américains, aurait été de lui dire de sortir ». Ce qui les choquait plus que tout, c'était le fait que la femme de chambre frappait et entrait pratiquement en même temps, sans jamais leur laisser le temps de répondre. Ce qu'elles considéraient comme un espace inviolable, une chambre dont la porte était fermée, était tout simplement envahi, comme de droit. L'étudiante qui me racontait cette expérience a ainsi résumé la source du malentendu : « En France, on frappe à la porte pour annoncer qu'on entre, tandis qu'aux États-Unis, c'est pour demander la permission d'entrer (que l'on doit donc attendre) ou pour s'assurer que la pièce est vide. » Je me rappelle moi-même qu'après avoir passé plusieurs années aux États-Unis, j'ai été choquée quand un nouveau collègue, fraîchement débarqué de France, frappait et entrait « intempestivement » dans mon bureau, alors que tout le monde attendait qu'on réponde « Entrez », y compris les Français depuis plus longtemps sur place.

Un jeune Américain, qui avait pris pension dans une famille du XVIᵉ à Paris, s'est mis, dit-il, à « se conduire comme un membre de la famille », jusqu'au moment où, à sa grande déception, la mère lui a annoncé qu'elle lui avait loué la chambre pour des raisons purement économiques, et non pour établir des relations quasi familiales avec lui. Il n'arrivait pas à comprendre comment on pouvait recevoir quelqu'un dans sa maison et à sa table, et le traiter en même temps « comme un étranger ». Dans un cas parallèle aux États-Unis, une famille qui loue une chambre à un étudiant lui permet l'accès à la cuisine mais pas à sa table sans invitation spéciale (cela s'appelle *kitchen privileges*). Une invitation permanente à partager les repas de famille appelle une conduite de « membre de famille », ce qui explique sans doute pourquoi le système « pension » n'existe pas.

Une étudiante française aux États-Unis expliquait en ma présence à une femme, française elle aussi, qu'elle avait déménagé et aimait beaucoup sa nouvelle chambre, que lui louait un professeur américain connu pour sa haute cuisine. Quand la femme a demandé si elle prenait ses repas avec la famille du prof, l'étudiante a protesté, l'air à la fois amusé et indigné : « Ah, non ! Il m'a bien fait comprendre que ça ne faisait pas partie du contrat, et que je ne devais pas me sentir tentée, quelles que soient les odeurs qui viennent de la cuisine... Il a promis de m'inviter à dîner... J'attends avec impatience. » La ligne de démarcation avait été ici clairement montrée, ce qui arrive rarement. Cela, d'ailleurs, ne semble pas avoir empêché l'étudiante de se sentir un peu piquée. Tant il est difficile de s'habituer aux évidences des autres. Il est d'ailleurs d'autant plus difficile pour un Français de comprendre cette attitude que « tout le monde sait » que l'Américain invite « des inconnus rencontrés dans la rue » à dîner chez lui, ouvre « chaleureusement » sa maison à des gens qu'il connaît à peine, prête facilement sa maison à des amis pour que leurs amis, qu'il ne connaît pas, en profitent pendant son absence. Il faut trouver l'explication du refus de pension dans le fait que l'Américain peut facilement mettre ses possessions et lui-même à votre disposition, si vous êtes son invité(e), mais ne peut accepter de vous « vendre » ses services à l'intérieur même de sa maison, et de vous y donner des droits de « payant » sur lui, sur sa liberté. Dans la famille française, tout le monde, en principe, dîne ensemble. Le repas doit donc être préparé de toute façon, et qu'il y ait à table une personne de plus ou de moins ne change pas tant les choses. Par contre, il est possible, dans la famille américaine, que chacun dîne séparément au moment qui lui convient le mieux, parce que les emplois du temps sont difficiles à concilier certains soirs. Avoir un pensionnaire et lui devoir un repas tous les jours serait exiger des « parents » plus que n'en font les enfants eux-mêmes.

Il est clair maintenant que les maisons françaises et américaines ne diffèrent pas seulement par leur aspect extérieur. C'est, en fait, cette différence qui se reproduit, mais de façon moins visible, à l'intérieur. La séparation nette entre dedans et dehors dans la culture française annonce les barrières à franchir à l'intérieur. L'accès aux différentes pièces dénote, pour ainsi dire, le parcours vers l'intimité, et correspond à la division visible/invisible. J'entends par là que les chambres « interdites » sont fermées, dérobées aux regards non agréés. De même, quelqu'un qui se tient tout près d'une fenêtre, et parfaitement visible de la rue, devrait adopter un comportement de « dehors », même s'il est séparé de l'extérieur par une vitre. Au contraire, la maison américaine est aussi ouverte à l'étranger qu'elle est complètement visible de la rue. Le soir, tout éclairée dans la rue noire, elle appelle même les regards. Si cela n'a pas l'air de gêner l'Américain, c'est que cela n'empiète en rien sur sa vie privée *(privacy)* qu'il est seul à définir en interposant les barrières de son choix, en fermant la porte de sa chambre, en s'entourant de pelouses immenses ou d'arbres épais, en refusant toute pension, ou en vous arrêtant tout simplement sur le chemin d'une pièce en désordre en disant : « *I would rather you did not see the mess* » (« je préfère vous épargner le désordre »), ou « je reviens tout de suite ». Les palissades, murs, haies très hautes lui semblent l'enfermer, lui, et le priver du spectacle de la rue ou de la forêt ou de la plage qui borde sa maison. Et pour lui, une invasion de sa vie privée, ce sera une intrusion faite à son insu ou contre ses désirs clairement exprimés (surveillance électronique, bien sûr, mais aussi porte ouverte sans attendre de permission, etc.). En échange, le collègue américain n'entre dans votre bureau qu'invité, sinon il reste sur le seuil, même si votre porte est grande ouverte. Si votre fenêtre est près de la rue, les passants se feront un devoir de « ne pas vous voir », et, si par hasard vos regards se rencontrent à travers la vitre, ils vous feront des sourires ou des gestes d'amitié comme pour vous dire qu'ils regardaient dans votre maison « par accident ».

Si je pousse la logique de l'analyse qui précède jusqu'au bout, j'obtiens deux situations littéralement inversées. Dans la culture française, c'est sur celui qui entre dans ma maison que repose la responsabilité de connaître les règles, de rester dans les limites spatiales auxquelles notre relation l'autorise. (Ainsi dois-je me méfier d'un inconnu qui m'inviterait à sauter les étapes, à pénétrer directement au fond de sa maison.) Je n'ai donc pas de recours contre les invités qui se montrent « sans gêne » dans ma maison, comme des Américains qui me suivraient dans ma cuisine. Par contre, dans la culture américaine, c'est moi qui ai la responsabilité de signaler à celui qui entre dans ma maison les limites qu'il ne doit pas dépasser. Ce qui est troublant pour un Français, c'est que ces limites peuvent changer selon mon humeur. Un exemple : Tom (américain) reçoit chez lui les parents de sa femme (française), venus en vacances aux États-Unis. Certains soirs, Tom est « charmant » et sociable, tandis que d'autres, il rentre du travail, dit tout juste bonjour, va prendre une bière au frigo (« sans même en offrir »), s'enfonce dans un fauteuil et lit le journal. Dans ce cas, Tom, pour des raisons personnelles que selon la culture américaine il n'est pas tenu de donner, est en train de signaler qu'il ne désire aucune incursion dans son espace, dans sa « vie privée ». Il est très probable que Tom se conduirait exactement de la même manière en l'absence des beaux-parents, que son désir d'isolement n'a rien à voir avec eux. Mais les beaux-parents, ne sachant décoder le message, sont vexés et ne comprennent pas pourquoi Tom les reçoit chez lui, si c'est pour les « traiter de cette manière ».

Comme on le voit, on a à peine franchi le seuil de la maison que les malentendus interculturels commencent. Il est facile d'imaginer que ce ne sont sûrement pas les derniers...

La conversation

Nous sommes en voiture, X (français) me ramène chez moi. Ce n'est pas la première fois et, de plus, X connaît bien la ville. Cependant, il semble manquer de certitude quant au chemin à prendre, me pose des questions qui n'appellent évidemment pas de réponse, puisqu'il me les pose en même temps que l'action, sur laquelle la réponse pouvait influer, est déjà engagée ; ainsi : « Je tourne ici ? » en prenant le tournant. Souvent des commentaires sur la voiture, la route, les autres, des expressions d'inquiétude surprenantes viennent de derrière le volant (« Tu crois que j'ai assez d'essence ? », « Mais qu'est-ce qu'il fait, ce type, y va changer de file, oui ou non ? », « On pourra sûrement pas passer entre ces deux voitures, mais j'vais essayer », « J'aurais dû passer de l'autre côté, on serait déjà arrivés », etc.). Le cas de X n'est pas unique. J'ai assisté à de nombreuses variantes de cette scène. Les acteurs en ont été aussi bien des hommes que des femmes, des jeunes que des plus vieux. Dès que j'en ai pris conscience, je me suis même surprise moi-même « en flagrant délit ».

Les Français parlent-ils pour ne rien dire, comme les en accusent parfois les Américains ? Le simili-monologue de X est-il aussi dénué de sens qu'il en a l'air ?

Autre contexte. Une soirée, dans une ville universitaire des États-Unis, en l'honneur d'un universitaire français très connu. La majorité des invités, tout comme l'hôte, sont français. Quelques Américains parsemés. L'universitaire français, auquel on vient de présenter un historien américain, prend l'air intéressé : « Justement, je m'intéresse beaucoup à l'histoire... Vous connaissez X (historien américain célèbre) ? » « Oui. » « Que pensez-vous de son dernier livre, *xxox ?* » L'Américain répond, dit ce qu'il pense du livre en question. Le Français n'écoute plus depuis un moment, cherche des yeux dans le salon, élargit le cercle avec empressement à l'approche d'un autre Français, qui « interrompt brutalement » la conversation par une plaisanterie. Le nouveau venu se tourne vers l'Américain : « A quoi est-ce que tu travailles en ce moment ? » L'autre, échaudé, répond très brièvement : « Oh, la même chose », et fait une plaisanterie.

Cette petite scène m'a été décrite par l'Américain en question, qui a ajouté : « Je ne comprends vraiment pas les Français, ils posent des questions pour faire semblant, ça m'étonne d'un homme aussi célèbre. Il n'avait aucun besoin de poser la question si la réponse ne l'intéressait pas. Tu penses bien que je n'allais pas me faire prendre une deuxième fois, alors j'ai plaisanté au lieu de répondre, à la manière des Français. »

Des Américains se sont souvent étonnés en ma présence de ce que les Français, « qui se disent très respectueux des règles de politesse », soient eux-mêmes si grossiers *(rude) :* « Ils vous interrompent tout le temps dans une conversation », « ils terminent vos phrases pour vous », « ils vous posent des questions et n'écoutent jamais la réponse », etc. Les Français, en revanche, se plaignent souvent de ce que les conversations américaines soient « ennuyeuses », que les Américains « répondent à la moindre question par une conférence », qu'ils « remontent à Adam et Ève », et qu'ils « ignorent tout de l'art de la conversation ».

Les accusations réciproques reviennent assez souvent pour qu'on s'y arrête. Elles signalent un fait culturel, puisque opaque à l'étranger. Elles suggèrent une différence profonde dans l'interprétation de la conversation, activité quotidienne en apparence claire, familière, et immédiatement accessible. Mais, bien que le mot « conversation » soit le même en anglais et en français, il est loin de signifier la même chose dans les deux cultures. Le malentendu est d'ailleurs évident dans le fait que la revue *Communications* a consacré tout un numéro à ce sujet (30, 1979), sans s'attarder un instant sur le fait que la théorie de H. Paul Grice, point de départ de nombreux chapitres, s'applique au modèle américain mais non au modèle français. Ce caractère implicite de la théorie ayant naturellement échappé aux chercheurs français, plus d'un s'applique à attaquer la théorie, après l'avoir implicitement posée comme universelle (le texte ayant été écrit en anglais, il est difficile de savoir si l'auteur avait conscience de cette différence lui-même, mais je crois qu'il n'en voyait pas les limites culturelles).

Que représente, pour les Français, la conversation ? On dit, en français, qu'une conversation doit être « engagée », « soutenue », « alimentée », et, au besoin, « ranimée » si elle est « languissante », « détournée » si elle est « dangereuse ». Dès que nous permettons à une conversation de naître, nous nous devons de ne pas la laisser mourir, mais d'en prendre soin, de la guider, de la nourrir, de la mener, et de veiller à son développement, tout comme s'il s'agissait d'un être vivant. Cela suffit à suggérer l'importance que nous accordons à la conversation, mais cela n'explique pas la signification que nous lui donnons, c'est-à-dire pourquoi nous lui attachons cette importance.

Voyons ce qui se passe dans une simple conversation entre

deux Français(es). Je (parlant) regarde mon interlocuteur (interlocutrice), guette les signes d'ennui ou d'inattention. Si le regard de l'autre commence à errer, à s'égarer, je change d'attitude, de tactique ou de sujet, ou encore j'écourte pour lui rendre la parole. Il s'agit ici, bien sûr, non de ce qui arrive réellement dans la plupart des cas, mais de la norme, la situation « idéale » qui demeure inchangée quelle que soit la fréquence des entorses à la règle. Dans le cas inverse (quelqu'un me parle), j'ai à ma disposition plusieurs moyens d'intervenir ou de montrer que je veux la parole : expressions du visage, lèvres qui s'ouvrent comme pour parler mais restent silencieuses, léger mouvement du corps, geste. Si cela n'obtient pas le résultat voulu, et que je n'ai toujours pas la parole, je peux avoir recours à d'autres signes : aspiration d'air à peine audible et qui indique que l'on va parler, soupir discret, mot coupé, ou encore les grands moyens (« à propos », « justement », qui n'ont, en principe, rien à voir avec ce qui précède, mais indiquent plutôt qu'on voudrait bien dire quelque chose aussi). Si j'en arrive à laisser errer mon regard, ou que je prends un air absent, c'est pour signaler, de façon encore acceptable, que je suis prêt(e) à abandonner la partie puisque aucune part ne m'y est réservée. Si cela n'a aucun effet, mon seul espoir repose alors dans l'intervention d'une tierce personne (ami(e) heureusement retrouvé(e) dans la rue, hôte(sse), convive, invité(e) à un repas ou une soirée, etc.) pour me sauver de ce(tte) « casse-pieds ». A la limite, je peux avoir recours à l'excuse qui a le tort d'être évidente : le coup de téléphone à donner, la chose urgente à dire à quelqu'un d'autre et qu'on a failli oublier, etc. Quand je suis poussé(e) à cet extrême, j'en veux vraiment à l'autre de m'avoir « coincé(e) », de m'avoir « tenu la jambe » (donc retenu(e) contre mon gré), d'avoir « monopolisé la conversation », d'avoir « tenu le crachoir » pendant « des heures », bref de ne m'avoir pas permis de placer un mot, de ne m'avoir pas « donné » ou « rendu » la parole, c'est-à-dire de m'avoir refusé toute présence.

Le fait que j'aie permis à X de me « retenir » ainsi suggère que quelque chose d'autre que X me retenait, quelque chose de plus fort que mon impatience ou mon ennui, que j'appellerai peut-être politesse, mais qui recouvre toute une gamme d'obligations sociales implicitement consenties. De plus, la quantité de signaux dont je dispose pour attirer l'attention de X, et auxquels X devrait être sensible et répondre, suggère aussi que la relation entre deux conversants est plus importante que le sujet même de la conversation, et que le degré d'information échangée. Cette assertion se trouve confirmée, je pense, par le cas de la conversation dans laquelle on « s'écarte du sujet ». Je dirais que celui qui propose un sujet a entière liberté d'en sortir, et le fait, le plus souvent, par l'intermédiaire des « cela me rappelle », « c'est comme l'autre jour », « cela me fait penser à », etc. Ces sorties en quelque sorte latérales permettent à celui qui parle de parler plus longtemps, sans cependant immédiatement provoquer les signes d'intervention mentionnés plus haut. Il y a, en quelque sorte, mise en suspens, comme l'on suit sans protester quelqu'un qui vous fait faire le tour de son jardin et attire votre attention sur telle ou telle allée. Les autres ont cependant la possibilité d'intervenir, et de reprendre la parole, par l'intermédiaire d'un simple « pour en revenir à... » sans pour cela être tenus de revenir au sujet dont on s'était écarté. En fait, quelqu'un qui manifesterait une certaine insistance à revenir au sujet serait considéré importun ou enfantin, désireux d'attirer l'attention sur soi, et créerait une coupure (à la limite, une gêne) dans la conversation.

Là encore, ce qui importe, c'est d'établir des liens, de créer un réseau, si ténu soit-il, entre les conversants. La parole que l'on échange, au « fil » de la conversation, sert à tisser ces liens entre les conversants. Si l'on imagine la conversation comme une toile d'araignée, on peut voir la parole y jouer le rôle de l'araignée, générer ces fils qui relient les participants. Idéale, la conversation (française) ressemblerait à une parfaite toile d'araignée, délicate, fragile, élégante, brillante, aux proportions harmonieuses, une œuvre d'art. S'il y a beaucoup plus de toiles d'araignée parfaites que de conversations idéales, c'est que l'araignée est seule à tisser sa toile, tandis que la parole, pour tisser la sienne, nécessite la présence d'au moins deux conversants. Le danger, les risques d'erreur y sont beaucoup plus grands (on arrive même parfois à s'empêtrer dans la toile). Le caractère de telle ou telle conversation et sa forme refléteront ainsi, avec beaucoup d'exactitude pour qui prend la peine de lire les signes, la nature des rapports entre les conversants. On fabrique un tissu de relations de même et en même temps qu'on « fait » la conversation.

Ainsi, par exemple, si je fais mes courses dans le quartier, je vais faire « un petit bout de conversation » avec les commerçants chez qui j'ai l'habitude d'aller. Si je vais chercher mes enfants à l'école, je ferai de même avec quelques parents dont les enfants sont en classe avec les miens, avec le maître ou la maîtresse, si je les vois. Avec les commerçants, je parlerai sans doute du temps, de la santé, des temps difficiles (s'ils le sont), des préférences de ma famille pour tel ou tel produit, de la beauté des fruits, d'un événement dans la rue tout près de la boutique, etc. La conversation sera d'autant plus longue (dans les limites imposées par le contexte, clients qui attendent, heure de la journée, etc.) que nos rapports sont proches. Avec les parents d'élèves, je parlerai brièvement de nos enfants, de l'école, du temps et de la dernière épidémie de grippe, à moins qu'il y ait quelque chose à organiser (réunion, fête). La conversation sera rarement longue, chacun doit s'empresser de rentrer, de ramener les petits à la maison. La durée de la conversation étant limitée par les circonstances (et le nombre de parents groupés là en même temps), la nature de la conversation reflétera directement la nature des rapports (échange poli, amical, chaleureux...). De toute façon, il est important qu'il y ait échange, si bref soit-il. Ce qui explique que quelqu'un puisse vous dire : « Mon dieu... J'ai vu Mme Untel à la sortie de l'école, mais j'ai même pas eu le temps de m'arrêter et de lui dire un mot... Qu'est-ce qu'elle doit penser... » Dans un cas semblable, un(e) Américain(e) aurait dit « *Hi* », et cela aurait suffi. D'où son étonnement devant le « temps que nous passons » à bavarder avec l'un et avec l'autre.

Autre source d'incompréhension pour les Américains : il est en même temps non seulement possible, mais fréquent, si j'habite dans un grand immeuble à ascenseur par exemple, que je tienne la porte et dise bonjour à mon voisin ou ma voisine « du dessus » ou « du dessous » (et même de palier), et que nous montions ensemble huit ou quinze étages sans plus nous adresser la parole (sauf pour dire au revoir), peut-être même tous les jours. Mais pour moi (français), il n'y a aucune contradiction entre mon attitude et mes conversations dans le quartier, et le fait que je n'adresse pratiquement pas la parole à mes voisins. C'est en effet le hasard qui nous fait habiter si près l'un de l'autre, et ce n'est pas une raison suffisante pour que nous devions entrer en rapport, à moins que nous choisissions de le faire. De même, dans une petite rue tranquille de province, il me suffit de faire un signe de tête et de dire bonjour au voisin d'à côté ou à la voisine d'en face. A moins qu'un événement ne brise la routine.

De la même façon, si les « bonjour » et « au revoir » des clients s'adressent à tous, la conversation se fait seulement entre client et commerçant, et non entre clients (même s'ils se voient là tous les jours), sauf si cela passe par l'intermédiaire du commerçant (« Tiens, demandez à Mme Untel ») ou d'un événement exceptionnel (accident, manif...). Un meilleur exemple de cette situation est donné par le café. Au café, j'ai plusieurs choix. Je peux y aller avec quelqu'un, rester au comptoir et ne parler qu'à mon compagnon ; je peux y aller retrouver des amis, auquel cas nous nous asseyons à une table, ou le premier arrivé s'installe à la table que nous allons occuper. Nous parlons entre nous. Je peux aussi y aller seul et prendre une table si je veux qu'« on me laisse la paix », et je peux même y lire, écrire un roman ou faire mon courrier, sans parler à personne d'autre que le garçon (et encore, seulement pour commander une boisson). Si, cependant, je ne fais rien d'autre que boire ma consommation et regarder autour de moi (ou quelqu'un en particulier) avec insistance, je donne l'impression aux autres que je suis là pour « draguer » (source continuelle de problèmes pour les Américaines non averties). Si j'ai envie de conversation, c'est au comptoir que je vais m'installer, et c'est seulement avec le patron ou la patronne derrière le comptoir que je peux bavarder. Je peux aussi entamer une conversation avec quelqu'un d'autre au comptoir, mais seulement par l'intermédiaire du patron, et seulement si je suis déjà un habitué, sinon mon approche paraîtra louche. Aussi le patron doit-il savoir « discuter » avec toutes sortes de gens. Dans un petit café de La Rochelle (où j'ai fait de nombreuses interviews) se côtoient tous les jours de nombreux étudiants, ouvriers, agents de police et employés. Le patron m'a décrit ainsi la situation : « ... Faut pas être sorti d'Saint-Cyr pour être patron, pour discuter avec les gens... de tout... même si on n'y connaît pas grand-chose, on arrive à discuter... Le café, c'est un lieu où les gens se rencontrent... On discute... des affaires, de sport, du travail, d'la maladie de la mémère... de n'importe quoi... Ils ont leurs petites habitudes, on les connaît, on sympathise plus ou moins avec certains... Tout ça, ça s'mélange très bien... étudiants, flics, on arrive à s'accorder... » Puis, soulignant le rôle essentiel du patron dans ces échanges inattendus (étudiants-flics, par exemple), il continue : « ...ça joue beaucoup sur la personne qui est derrière le bar... Les gens viennent pour l'ambiance du bar, mais aussi pour celui qui est derrière le bar... C'est c'qui fait d'ailleurs la clientèle... »

L'observateur averti n'a aucune difficulté à reconnaître la clientèle, les habitués, comme nous pouvons le voir si nous reprenons l'exemple du commerçant, exemple qui a l'avantage d'être accessible à tous, observable par tous, même par ceux qui vont rarement au café. Dans une boulangerie de quartier à Paris, où j'ai fait de nombreux enregistrements, j'ai assisté, en quelques heures seulement, à toute une gamme de conversations entre la boulangère et ses clients. Si l'on exclut les formes de politesse communes à toutes (bonjour, s'il vous plaît, merci, au revoir), on peut relever, rapidement, quelques signes indicateurs. Ainsi, les échanges d'information pure (... Vous désirez... une baguette... bien cuite ?... oui... voilà c'est tant...) démarquaient nettement les non-habitués ; il n'y avait pas, à proprement parler, conversation. Les rares habitués qui, par choix (timidité, réserve, misanthropie...), ne faisaient pas la conversation se distinguaient des précédents par le fait qu'ils n'avaient pas besoin qu'on leur dise le prix du pain, ou encore et surtout par le geste de la boulangère qui se tournait vers une sorte particulière de pain tout en disant, par exemple, « Un bâtard (/une ficelle...) comme d'habitude ? » Autrement, les habitués avaient tous droit à une conversation, si réduite soit-elle (« Alors, ça va mieux aujourd'hui ? » où « mieux » et « aujourd'hui » suggèrent les autres jours et donc, de manière économique, la relation). Il y a des habitués qu'on appelle « Madame/Monsieur », ceux qu'on appelle « monsieur Untel/madame Unetelle », puis ceux qu'on appelle par leurs prénoms (et tutoie). Il y a ceux auxquels on demande des nouvelles des « enfants » ou des « petits », ceux auxquels on demande des nouvelles de « votre fille/petit-fils/femme/mère... », et ceux auxquels on demande des nouvelles de « Gaston », « Nicole », ou « Arthurine ». Il y a ceux qui viennent directement au comptoir (pressés, conversation brève) et ceux qui se mettent de côté, laissent passer les autres (connaissent assez bien la boulangère, vont avoir une conversation plus longue ou plus intime). Il y a enfin ceux, rares, qu'on va admettre dans l'arrière-boutique (on demande des nouvelles de tous les membres de la famille, qu'on connaît et nomme par leurs prénoms, etc.). Dans ce dernier cas, le pain est mentionné et acheté comme après coup, et payé de même, ou encore tacitement « mis au compte » (à l'heure actuelle, signe de relation solide). Il semble donc qu'entre l'habitué et le commerçant la conversation transforme en échange social (et donc liens à renforcer ou maintenir) un échange qui ne serait, sans cela, que purement économique.

Il est clair maintenant, je crois, que les Français ne parlent pas « pour ne rien dire », que la conversation française est au contraire chargée de sens, dans la mesure où elle affirme et révèle la nature des liens entre les conversants. Mais en quoi cela explique-t-il la première situation citée au début de ce chapitre, en quoi cela donne-t-il un sens aux propos apparemment « décousus » de X me ramenant chez moi en voiture ? Pour comprendre ce monologue qui a l'air aberrant, il faut le considérer comme une conversation réduite à l'essentiel, au nécessaire et suffisant dans la situation en question. En effet, les commentaires que X avait l'air de débiter « pour rien » jouent un rôle important : ils font état de ma présence. Ils révèlent, de plus, que des liens proches ou assez proches existent déjà entre X et moi, que nous sommes assez à l'aise ensemble pour ne pas faire la conversation si nous n'en avons pas spécialement envie : X peut être membre de ma famille (ma mère, mon fils, ma femme, mon frère, etc.), un(e) ami(e), bon copain, vieille connaissance, etc. En effet, si ce n'était pas le cas, X ne se permettrait pas son petit monologue mais « ferait » plutôt la conversation, m'engagerait dans un échange verbal en posant des questions qui appellent une réponse plutôt que des questions qui, au contraire, n'en appellent aucune puisqu'elles sont posées, on s'en souvient, au moment où l'action est déjà engagée (« je prends à droite ? », en tournant). Si par contre X, avec lequel j'ai des liens proches, me reconduisait en silence, cela pourrait signifier ennui, mauvaise humeur, colère... Ce silence risquerait vite de devenir lourd, pesant, menaçant, en tout cas un signe de refus et de cassure (à moins que je sache X taciturne, « peu causant »). Car si le silence était complice ou résultat de fatigue par exemple, il serait, même brièvement, commenté (« Je suis crevé(e)... », « C'est beau, tout tranquille comme ça... »), et donc expliqué.

A l'autre extrême, en l'absence de toute relation, c'est le silence neutre, sinon hostile. Voilà pourquoi dans l'ascenseur, dans la rue, dans l'autobus, et pratiquement partout où l'autre devient totalement étranger à ma vie de tous les jours, où le contexte n'appelle pas à créer des liens, ou alors prête au malentendu, « on ne se parle pas facilement en France ». On peut être à la fois totalement étrangers et totalement collés l'un contre l'autre en France, comme dans le métro aux heures de pointe, ou à l'aéroport quand l'embarquement d'un avion a été annoncé mais pas encore commencé. C'est de se parler qui rapproche.

C'est là une source apparemment inépuisable de malentendus entre Américains et Français. Surtout que, pour compliquer les choses, ces règles sont suspendues dans des circonstances exceptionnelles et en vacances (donc aussi dans le train, dans l'avion...). C'est en effet dans les lieux publics que les Américains, en France pour la première fois, font l'expérience parfois amusante, mais plus souvent désagréable et même blessante, du malentendu interculturel, se sentent rejetés, désapprouvés, critiqués ou méprisés, sans comprendre ce qui leur vaut cette « hostilité », et ne peuvent qu'en tirer une des deux conclusions suivantes : « Les Français détestent les Américains », ou « Les Français sont froids (hostiles/désagréables/arrogants/détestables...). » Et la blessure enfouie devient conviction indéracinable constamment renforcée. Cela essentiellement parce que les Américains et les Français ne donnent pas le même sens à l'échange verbal, mais le supposent identique. D'où l'étonnement devant les résultats inattendus, d'où l'incompréhension devant la rupture dans ce qui devrait « aller de soi ».

Quand un(e) Américain(e) en croise un(e) autre dans la rue, en plein jour et dans un quartier qui ne soit pas réputé dangereux, il y a de fortes chances, s'il croise le regard de l'autre, qu'il va lui sourire, ou faire un petit signe de tête, ou même dire bonjour à l'inconnu, sans que cela ne mène plus loin. Cela frappe souvent les visiteurs français aux États-Unis, comme me l'a fait remarquer un monsieur respectable, aux cheveux blancs : « Si j'étais plus jeune, je penserais que toutes ces jolies filles me faisaient de l'œil... Qu'est-ce qu'elles ont l'air flirt à vous sourire comme ça... Si c'était en France... » Ce même rapport immédiat et fugace peut s'établir aussi bien, aux États-Unis, par la conversation entre inconnus, là encore sans conséquence. Il peut même durer plus longtemps, comme aux dîners et soirées américains où l'on fait souvent connaissance de gens « très sympathiques », avec lesquels on a de longues conversations, et que l'on ne reverra plus jamais (ce qui trouble profondément les Français).

Il est intéressant, à cet égard, de comparer ce qui se passe en France et aux États-Unis au supermarché quand il y a foule, que la queue à la caisse est longue, et que l'attente se prolonge. En France, dans la plupart des cas, on donne vite des signes d'impatience, on lève les yeux au ciel, exaspéré, on prend l'air épuisé, on se raidit ou se referme, on se prend à témoin, mais on ne se parle pas, tout est exprimé dans le geste, par le corps. A la limite va-t-on protester, « grogner » à haute voix en regardant peut-être son voisin, mais sans s'adresser directement à lui. On en fait simplement un complice contre la caissière, le magasin, le système, ceux qui « exagèrent ». Aux États-Unis, la situation est totalement différente. On se tourne vers ses voisins, une conversation plus ou moins générale s'engage, on s'aide à passer le temps et on plaisante sur la situation, on plaint même la caissière et, quand on arrive finalement à elle, on l'encourage de quelques mots. J'ai vu des inconnus se montrer des photos de famille, échanger des conseils, des recettes, ou de bonnes adresses, comparer grossesses et accouchements, tout aussi calmement que vous poser des questions sur la qualité d'un produit ou l'utilisation d'un légume peu ordinaire dans votre caddie, et surtout beaucoup plaisanter. Une dame française, m'entendant parler français à une amie que j'avais rencontrée au supermarché, s'est présentée à nous, nous a donné son adresse et numéro de téléphone, et nous a invitées à aller la voir si nous passions par J. (une autre ville que celle où nous étions). Puis, juste avant de nous quitter, elle s'est excusée en disant : « Excusez-moi de vous avoir abordées comme ça, mais je vous ai entendues parler français... Je suis devenue très américaine, vous savez... »

Il m'est arrivé plus d'une fois de remarquer que, quand la foule devenait vraiment grande au supermarché et qu'il était difficile de circuler ou même de savoir à quelle file on appartenait, l'atmosphère tournait un peu à la fête, à la rigolade générale. Et, dans ces moments, bien que près de chaque caisse il y ait des journaux et magazines pour tenter et faire patienter les clients, peu de gens choisissent de lire, à moins de partager la lecture par la conversation (commentaires sur les manchettes, le sensationnalisme de certains hebdomadaires, etc.). En effet, s'isoler dans la lecture et le silence dans un espace si restreint pourrait, je pense, signifier le rejet de l'autre.

Un Français pourrait voir en cela la confirmation de ses

stéréotypes (« l'Américain est bon enfant », « les Américains ont des rapports superficiels », etc.), parce que, pour un Français, une « évidence invisible », une présupposition culturelle, s'impose : la conversation m'engage à l'autre, est un commentaire sur notre relation, une des façons à ma disposition de faire la différence entre ceux avec lesquels j'ai, j'affirme, je confirme ou je veux créer des liens, et tous les autres dont je nie, par ce refus, l'importance sociale dans ma vie. Ces liens, il faut le rappeler ici, ne sont pas par définition agréables ; je peux même regretter amèrement de les avoir, rêver en secret de m'en libérer, mais, dans la mesure où je refuse ou ne peux pas me permettre le prix de la cassure, ces liens sont essentiels à mon existence sociale, à mon inscription dans le social. Mais tout cela s'est installé dans ma tête plutôt à mon insu, et je (français) suis en général inconscient de posséder ces implicites, cette grille à travers laquelle je vois et je comprends le monde. Dans cette perspective, il devient « normal » que je trouve que les Américains manifestent une certaine « promiscuité » dans leurs conversations (au supermarché) comme dans leurs rapports (voir essai sur l'amitié). Il est « normal » aussi que je me refuse à tout lien que je n'aurai pas choisi (dans son sens le plus large), qui me serait imposé par des circonstances non exceptionnelles, comme le hasard qui me donne certains voisins, me juxtapose à d'autres dans le métro, chez un commerçant, dans la rue, dans la queue au supermarché, etc.

De même, dans la mesure où, selon ma grille inconsciente à travers laquelle je regarde le monde, je (américain) ne me sens pas engagé par la conversation, je peux la faire à peu près n'importe où et avec n'importe qui. Bien plus, ce n'est pas la conversation qui révèle ma relation avec l'autre, mais l'espace que je permets entre nous. Plus les relations seront proches, moins il y aura d'espace, comme l'indique l'expression « *a close-knit family* », littéralement « une famille tricotée serré », pour indiquer une famille très liée. Dans cette perspective, si le hasard me met dans une situation où l'espace entre l'autre et moi est plus restreint que l'espace qui « normalement » exprimerait la nature de notre relation (ou absence de), j'ai recours à la conversation pour recréer cette distance involontairement abolie. Ainsi, si je ne peux m'écarter de celui qui, littéralement, envahit mon espace relationnel, je rétablis l'équilibre par la conversation, et tout marche bien si l'autre et moi sommes tous deux américains, puisque nous irons tous deux « spontanément » vers la même solution (lui non plus ne me veut pas dans son espace relationnel si je lui suis étranger).

On peut imaginer maintenant le potentiel de malentendus déjà contenu dans un scénario très simple : un Français et un Américain placés par la circonstance dans un espace restreint, par exemple à une table de wagon-restaurant dans un train. Le Français recréerait la distance par le silence, l'Américain par la conversation. Le degré zéro de la conversation américaine serait alors le sourire que j'adresse à l'inconnu que je croise dans la rue et dont je croise le regard. En effet, si je regarde ailleurs, je ne suis tenu de rien. Mais le regard qui transperce, qui traverse l'autre sans le voir n'est pas une spécialité américaine. Si je veux donc éviter le regard de l'autre, je regarde ailleurs (comme dans le métro à New York, où il est dangereux de sourire aux anges). Si mon regard croise celui de l'autre et que je ne le salue pas, ne lui souris pas, ou ne détourne pas rapidement les yeux, cet échange de regards devient l'équivalent d'une réduction dans notre espace relationnel, peut prendre des connotations sexuelles, ou de défi et d'insolence selon le cas.

Je voudrais m'arrêter un moment sur cette question d'espace. Je le répète, pour l'Américain, c'est l'espace entre lui et l'autre qui révélera la nature de leur relation, et non leur conversation. Cet espace est donc clairement marqué pour qui sait lire les signes. Bien entendu, les Américains obéissent à ces règles automatiquement, sans y réfléchir et même sans en avoir conscience, puisque c'est ce qui leur est devenu « naturel », c'est-à-dire, ici, culturel. Je (américain(e)) ne permettrai le contact physique, donc réduction maximale de l'espace entre nous, qu'à certaines personnes avec lesquelles j'ai des rapports très étroits et clairement définis. Je peux donc « embrasser » (entourer de mes bras) mes parents et grands-parents, frères et sœurs, enfants et autres membres de ma famille, mes amis, mon époux(se) ou mon amant(e). Si j'embrasse une personne de sexe différent du mien, le fait que nous nous tapotons sur le dos vers la fin de l'embrassade indique, selon mon interprétation, que notre relation n'est ni sexuelle ni amoureuse. (Les Américains, nombreux, auxquels j'ai fait part de ce rôle que j'attribuais à ce tapotement contre lequel le corps français se rebiffe, n'avaient même pas conscience de faire le geste. Beaucoup de mes étudiants se sont, m'ont-ils dit, dépêchés de vérifier ma théorie et de la mettre à l'épreuve en observant les autres et eux-mêmes, puis ont confirmé mon interprétation et m'ont amicalement maudite : Je leur avais fait prendre conscience d'un geste totalement « spontané », et brusquement, ils se voyaient le faire. Que tout lecteur américain soit averti et ne m'en veuille pas... On peut voir, depuis l'avènement des hippies, une variante de ce tapotement : les jeunes peuvent aujourd'hui préférer un balancement latéral plus ou moins prononcé des deux corps « embrassés ».) Cette embrassade, plus ou moins serrée, plus ou moins longue selon le rapport que l'on veut exprimer, va se faire en silence. Cela explique pourquoi, si je me trouve, contre mon gré, très près d'une personne que je ne connais pas, je vais parler pour essayer de rétablir la distance. En effet, si l'espace est réduit, ou que nous nous touchons, et que je ne dis rien, mon silence va prendre un sens suggestif, devenir une invitation sexuelle. D'où l'expérience traumatisante du métro aux heures d'affluence, où mes efforts pour rétablir la distance par la parole correspondent, pour un Français, à une invite... Et les accusations de promiscuité volent dans les deux sens (touche n'importe qui, parle à n'importe qui). Il est intéressant de remarquer ici que, quand la règle implicite est violée, c'est par la parole que la violence est amorcée dans le contexte français, et par la réduction silencieuse de l'espace dans le contexte américain.

Quand mon espace n'est pas menacé, la conversation (américaine) me permet de « mieux connaître » l'autre, et de lui donner sur moi les renseignements qui lui permettront de me connaître mieux. Mais seulement dans le présent, dans les limites définies par le contexte, et sans que cela nous engage à maintenir la relation, puisque la conversation n'est pas un commentaire sur notre relation, mais plutôt une exploration. La conversation américaine ressemble plus à une randonnée à deux ou plusieurs en terrain inconnu qu'à un jeu en terrain familier. D'où le besoin de situer tout de suite les participants (le terrain) et l'importance de la coopération. Chacun va contribuer à l'exploration selon ses connaissances et ses capacités. Il se peut que nous revenions de cette randonnée les mains vides ou pleines selon le moment, l'humeur, et la qualité de l'apport de chacun. Il en découle que, si je ne suis pas sûr(e) de mon information, je ne fais pas semblant de savoir, mais cède la parole à qui en saurait davantage. Mais si j'ai une « contribution » à faire, je peux parler aussi longtemps que cela me paraîtra nécessaire pour répondre à une question, partager mon information. Et j'écouterai l'autre de même quand ce sera son tour, quel que soit son style. Et puisque « normalement », quand j'aurai fini, je me tairai spontanément, l'autre attendra ce silence, différent d'une pause de réflexion, pour parler à son tour. Toute autre manière de faire me paraîtra une interruption insultante, si je l'interprète comme une marque de manque d'intérêt, ou, pire, frivole et gênante si elle n'apporte rien à la conversation qui ne me paraisse « bruit », « agitation inutile », « impatience ». Bref, l'interruption est davantage un commentaire sur celui qui interrompt que sur l'interrompu. On comprend maintenant le choc des Américains devant l'« impolitesse » des Français « qui vous interrompent tout le temps ».

Mais s'il est vrai que le silence me permet, dans le contexte français, de créer la distance, il en découle, selon ma logique culturelle, que plus les liens seront resserrés, moins il y aura de silence, plus la conversation sera « animée », « vivante ». Il est donc possible de comprendre pourquoi les Français « posent souvent des questions, mais n'écoutent pas la réponse », selon les Américains. Ce mode de conduite, replacé dans son contexte culturel, devient non pas répréhensible (impoli), mais au contraire normal, c'est-à-dire conforme à la norme. La question posée à laquelle on n'attend pas vraiment de réponse prend le sens d'indicateur d'intérêt. Quand je (français) pose à l'autre des questions dans une conversation, c'est plus pour manifester mon intérêt en lui (elle), que pour obtenir un renseignement, m'informer. L'exemple qui s'impose est, bien sûr, celui de « comment allez-vous », mais la gamme de ces questions est immense. Si, en plus de montrer mon intérêt, je veux vraiment m'informer, apprendre le plus de détails possibles, je peux toujours reposer la question, la reformuler de plusieurs façons, la préciser si la réponse me paraît trop vague, si elle m'intrigue et pique ma curiosité. D'où l'impatience française en face de réponses longues et détaillées « qui remontent à Adam et Ève », ou « tournent à la conférence » et « monopolisent » la conversation. Dans le contexte français, c'est donc celui qui répond littéralement (et donc toujours trop longuement) à la question qui peut être accusé d'impolitesse. Cas classique de malentendu interculturel, illustré dans la deuxième situation décrite au début de cet essai. En effet, à cette soirée en son honneur, l'universitaire français, en posant la question : « Que pensez-vous de son livre *xxox* ? » à l'historien américain, essayait simplement d'engager la conversation (à la française), et ne voulait pas vraiment une réponse à sa question comme un Américain l'entendrait (partage d'information que l'on possède). Si vraiment le Français voulait une opinion sur le livre, il aurait posé la question beaucoup plus tard dans la conversation, après avoir expliqué, d'une manière ou d'une autre, pourquoi l'opinion d'un historien sur un autre historien l'intéressait en tant que non-historien ayant formulé sa propre opinion sur la question ; après avoir créé une relation et ainsi établi la « crédibilité » (selon lui) de son interlocuteur, et donc la « validité » de son opinion. En posant sa question immédiatement après les présentations, il ne faisait qu'amorcer la conversation, la « lancer » comme une balle. Évidemment, dans ce cas, on ne s'attend pas à ce que l'autre garde la balle, mais la relance, et ainsi de suite.

Les longues réponses qui restent ininterrompues et surtout écoutées avec attention sont réservées, par les Français, aux conversations qualifiées de « sérieuses », plutôt déplacées dans une soirée, ou dans tout autre contexte semblable, parce qu'elles isolent le groupe « parlant sérieusement » du reste des conversants possibles qui se sentiraient, avec raison, exclus, rejetés. D'ailleurs, si deux ou trois personnes ont une conversation de ce genre à l'intérieur d'un groupe plus large, elles vont, insensiblement ou ouvertement, s'isoler spatialement du groupe, dans le coin d'une pièce, par exemple. Cela sera accepté, pour un certain temps, par les autres membres du groupe présents qui, tacitement, comprendront qu'il ne faut pas « les déranger », ni s'approcher d'elles, ni les interrompre. En échange, ces deux ou trois personnes sauront, tacitement, qu'elles ne pourront pas trop prolonger cet isolement sans être « impolies », sans insulter le reste du groupe qui va « se demander ce qui se passe », ou tout bonnement les abandonner à leur « discussion acharnée ». Il est à remarquer qu'on « a » une conversation sérieuse, ou une discussion, tandis qu'on « fait » la conversation. C'est dans le contexte de la conversation sérieuse française que l'Américain sera le plus à l'aise, parce que c'est ce qui correspond le plus à sa propre définition de la conversation.

Plus encore que les questions qui n'exigent pas de réponse véritable, ce sont les « interruptions continues » de la conversation française qui déroutent les Américains. Mais, comme on devrait s'y attendre maintenant, ce que l'Américain prend pour une interruption n'en est pas vraiment une, joue un tout autre rôle dans la conversation française. Vus de l'extérieur, des Français en conversation semblent, en effet, passer leur temps à s'interrompre l'un l'autre. La conversation paraît cependant agréable, et les participants ne donnent aucun signe d'être vexés, frustrés ou impatients (pour l'observateur français s'entend). Au contraire, l'interruption semble être un principe moteur de la conversation. Il est donc permis, à certains moments et non à d'autres, d'interrompre sans être grossier. Pour savoir quels sont ces moments, il suffit de considérer cette « interruption » comme un signe de ponctuation. Il ne s'agit surtout pas de couper la parole à quelqu'un, au milieu d'un mot ou d'une phrase, mais de saisir la pause, si brève soit-elle, pour réagir. Je ne fais pas cela pour attirer l'attention sur moi, ou prendre la parole, mais pour manifester l'intérêt qu'a provoqué en moi la réplique de l'autre. Réplique qui mérite, qui appelle un commentaire, un mot d'appréciation, des dénégations, des protestations, du rire, bref une réaction sans laquelle elle « tomberait à plat ». La balle est lancée pour être justement rattrapée et relancée. Quand il n'y a aucune « interruption », que chacun parle posément à son tour (comme dans la conversation américaine selon les Français), la conversation ne « décolle » pas, elle reste polie, mondaine, froide, et autres qualificatifs de ce genre, tous négatifs.

Au contraire, les interruptions-ponctuation sont une preuve

de spontanéité, d'enthousiasme et de chaleur, une source d'imprévu, d'intérêt et de stimulation, un appel à la participation et au plaisir. Les liens se resserrent, rapprochent les conversants. Ce qui explique que les conversations très animées (au café par exemple) soient une source de plaisir et de vitalité (tout comme un match de foot sauvage sur la plage). Ces conversations prennent place, en effet, entre des personnes qui ont déjà établi une relation (celle d'habitués de longue date peut suffire pour « parler politique »), qui se retrouvent au café dans l'attente de ces conversations. Le rythme de l'échange, le ton des voix et la fréquence du rire sont les indices du plaisir des conversants. Plus le rythme s'accélère, plus le niveau des voix monte, et plus l'échange est ponctué de rires jusqu'à l'explosion finale, plus le contact entre conversants est fort et agréable. Pour un Américain non averti (et dans ce cas cela recouvre la majorité), la rapidité de l'échange peut être interprétée comme une série d'interruptions (et donc une expression d'agressivité) et le ton de la voix comme une expression de colère (quand ma fille était toute petite, elle m'a demandé un jour pourquoi je me disputais toujours avec mes amis français qui venaient à la maison, et jamais avec mes amis américains ; c'est probablement ce jour-là que j'ai commencé mes analyses culturelles...). Quant au rire-ponctuation, il deviendra une « preuve » de plus, pour l'Américain, que « les Français rient pour rien », « ne sont pas sérieux ». Il trouvera aussi extrêmement difficile de participer à une conversation française, même s'il parle parfaitement le français, ce qui est pour lui une expérience très frustrante.

De même, le rythme de la conversation américaine, le ton à adopter et la place du rire peuvent être à jamais incompris ou mystérieux pour un Français qui parle couramment l'américain. Pour lui, le rythme est lent et toujours le même, et ses efforts pour l'accélérer sont constamment submergés par la vague de mots qui déferle, inaltérable, et les engloutit. Ses

rires ont toujours l'air déplacés, et ses tentatives de participation vont être traitées comme des interruptions intempes-
tives. Ce qu'il a peut-être le plus de difficulté à avaler, c'est
que l'interlocuteur américain semble imperméable à tous ses
signaux (qu'il veut prendre la parole), ou peut en être conscient
sans pour cela y répondre, va même jusqu'à dire calmement
cette phrase « insultante entre toutes » : « Laisse-moi terminer » (« *Let me finish* »). Et, pour comble, cet interlocuteur
américain ne le regarde même pas.

En effet, on se le rappelle, regarder quelqu'un droit dans
les yeux signifie, pour l'Américain, envahir son espace relationnel. Je (américain(e)) ne regarderai donc mon interlocu-
teur(trice) que de temps en temps, sans « insister ». Pour ces
mêmes raisons, je ne suis pas tenu de regarder chaque conversant à tour de rôle (comme un(e) Français(e) le ferait pour
inclure tous les présents dans la conversation), mais seulement
de lancer des regards circulaires rapides. De même, si mon
interlocuteur regarde ailleurs, ce n'est pas forcément par
manque d'intérêt. Si, de plus, une de mes pauses a été
interprétée par mon interlocuteur comme la pause finale de
mon discours (donc son tour de parler), je lui signale l'erreur
en disant seulement que « je n'ai pas fini » (ce n'est pas une
réprimande sur son impolitesse, comme semble l'interpréter
un Français).

La conversation américaine idéale ne cherche pas à évoquer
un feu d'artifice, comme cela peut être le cas pour la conversation française, mais ressemble plutôt, à mon avis, à une
séance de jazz, et même à une *jam session*. Comme le musicien
de jazz, qui peut apporter son instrument de musique et se
joindre à un groupe de musiciens qu'il ne connaît pas, faire
de la musique avec eux, et repartir, redisparaître à jamais
dans la nuit, je peux de même, en théorie, me joindre à des

conversants si j'ai quelque chose à apporter à la conversation et à en tirer, puis redisparaître à jamais dans la nuit. Comme dans la séance de jazz chaque musicien fait son solo comme il l'entend, sans interruption, de même je vais pouvoir parler selon mon style et mes talents, sans interruption. Comme le musicien de jazz j'aurai appris, par un long apprentissage, à reconnaître le moment où le solo de l'autre finit et où commence (et devrait finir) le mien. Les notes discordantes y sont les éclats de voix, le ton « excité », les rires « pour rien », qui entravent l'entente et l'accord nécessaire à la création du morceau de musique par le groupe. Le seul accompagnement acceptable, c'est le petit bruit de gorge sourd de mon interlocuteur qui me signale, de manière minimale et efficace (une ou deux notes suffisent), compréhension, accord, surprise, etc., par la seule variation de l'intonation.

Voilà pourquoi il est plus facile (pas impossible) de parler une langue étrangère parfaitement, sans accent, que de « parler » une autre culture « sans accent », c'est-à-dire sans que mon « accent » culturel me mette en difficulté même si, masqué par ma performance linguistique, il ne trahit pas immédiatement ma différence. Le cas de personnes parfaitement bilingues depuis l'enfance est intéressant à cet égard. Ainsi, X est franco-américain, bilingue et biculturel. Il arrive que X, dans une conversation en américain avec des Américains, adopte inconsciemment le rythme et le ton de voix français. Il peut alors être considéré agressif, ergoteur ou bruyant par les autres conversants américains, ce qui étonnerait et blesserait X. De même X, parlant français à des Français, peut adopter, sans s'en apercevoir, les règles implicites de la conversation américaine, et être alors considéré comme lent, lourd, insistant ou dominateur, trop sérieux. Dans les deux cas, la différence culturelle n'étant ni évidente ni même imaginable, le « défaut » de X est mis au compte de sa personnalité. Le prix à payer sera, pour X, d'autant plus lourd que X n'aura pas conscience de ces interférences possibles entre ses deux cultures.

Pour finir, je voudrais brièvement revenir au langage, qui semble bien résumer la différence entre la conversation américaine et la conversation française. Il y a des siècles, « converser » voulait dire, en français, « vivre avec quelqu'un », « fréquenter », sens encore vivant dans la conversation aujourd'hui. En américain, d'autre part, la conversation est « un échange informel de pensées par la parole », et « *to be conversant* » veut dire « connaître par l'expérience ou l'étude », c'est-à-dire « être spécialiste en, habile à, exercé à, bien informé, capable ».

Parents-enfants

« Quand je vivais en France, me dit un universitaire américain, j'ai souvent vu la scène suivante : un enfant fait quelque chose qui déplaît à ses parents, ou à un de ses parents. Le parent lui dit de s'arrêter. L'enfant continue. Rien n'arrive, les parents ne disent rien, ne font rien. L'enfant continue à faire ce qu'il faisait. Les parents répètent : " Tu as fini, oui ? ", et ça continue. A quoi ça sert de dire aux enfants de s'arrêter, si rien n'arrive quand ils ne le font pas ? »

Une étudiante américaine, qui venait de passer l'année en France après y avoir fait plusieurs séjours plus brefs, me racontait, encore horrifiée, son expérience dans un foyer parisien, qui se résumait en ces termes indignés : « On nous traitait comme des enfants.» Ce qui l'avait profondément choquée, c'était que la directrice du foyer ait annoncé, au cours d'une réunion générale, qu'elle était entrée dans les chambres des étudiantes en leur absence, « parce qu'on en apprenait long sur quelqu'un en voyant la manière dont il tenait sa chambre ». Cette étudiante partageait sa chambre avec une Française, et acceptait sans broncher les allées et venues de la femme de chambre. C'était donc le fait d'entrer sans permission qui lui semblait une atteinte insoutenable à sa vie privée. Elle s'étonnait, de plus, que les étudiantes françaises, en majorité, n'aient pas eu l'air de trouver cette intrusion gênante, ou même surprenante. De même, le gardien l'avait traitée « comme une

petite fille » la première fois qu'elle était arrivée un quart
d'heure après le couvre-feu (23 heures) et que, ne sachant où
aller à peine un mois après son arrivée à Paris, elle avait
frappé à la porte du foyer avec insistance. Le gardien lui
avait « fait la leçon » et l'avait « beaucoup engueulée en criant
très fort ». Et elle a ajouté cette phrase pour moi surprenante :
« Et il ne m'a même pas demandé d'où je venais ; il aurait su
que je revenais de l'autre bout de Paris où j'étais allée voir
une pièce de théâtre pour un cours, et que j'avais une bonne
raison d'être en retard. » Ce qui a fait déborder le vase (et
l'a convaincue de quitter le foyer), c'est quand l'assistante de
la directrice (« à peine plus âgée que moi ») l'a réprimandée
en faisant le geste de la gifler, pour avoir oublié de signer un
registre de sortie, « en présence d'un ami américain qui venait
en France pour la première fois » (et qui donc ne pouvait
interpréter la scène qu'à l'américaine).

Américains et Français semblent être complètement d'accord sur un seul point : ils ne comprennent pas (ce qui veut
dire n'approuvent pas) la façon dont on élève les enfants dans
l'« autre culture ». Ainsi, plusieurs situations « américaines »
peuvent déplaire à un(e) Français(e). En voici quelques-unes,
comme on me les a rapportées.
 – Je suis engagé dans une conversation intéressante avec
X, américain. Juste au moment où il va répondre à ma
question, ou alors au moment le plus important de mon
discours, arrive son enfant qui interrompt notre conversation
de manière que je trouve intempestive. X, au lieu de lui faire
une petite leçon de politesse, se tourne vers lui, l'écoute. Il
est même possible qu'il se lève, en s'excusant de l'interruption
et en disant qu'il doit donner ou montrer quelque chose au
petit, qu'il revient « dans quelques minutes ». X revient, un
grand sourire aux lèvres, « Où en étions-nous ? », et reprend

la conversation. Le pire, c'est que si ce petit enfant revient parce qu'il n'a pas trouvé, ou que quelque chose ne marche pas, ou qu'il est fier d'avoir fini ce qu'il faisait et veut le dire à X, il n'hésitera pas. Et X non plus. Décidément, ces Américains n'ont aucune éducation.

– Nous sommes à table. Y, américaine, est assise à côté de sa fille, trois ans, qui a réclamé un couvert identique à ceux des grands (et l'a obtenu de l'hôtesse puisque la mère avait l'air de trouver cela normal) et « fait l'intéressante ». Elle demande de la soupe, puis refuse d'en manger. Sa mère essaie de la persuader, « tu vas voir, c'est très bon ». La petite finalement prend une cuillerée, puis s'exclame très fort : *« I hate it, it's yucky »* (« Berk, je déteste, c'est horrible »). La mère : « Tu vas faire de la peine à Z (l'hôtesse) », ou bien : « Mais non, c'est très bon », ou encore (tenez-vous bien) : « La cuisine de Z ne semble pas avoir beaucoup de succès auprès de la petite... » Des baffes, ces enfants. Et les parents aussi, tant qu'on y est. Faut les voir au restaurant. Les gosses se lèvent, se baladent un peu partout, parfois même viennent à votre table engager la conversation, mangent comme des cochons, parlent fort, ne se gênent pas du tout, font comme chez eux, se croient tout permis...

– Je suis en voiture, dans la rue principale d'un quartier résidentiel. Ce n'est pas une toute petite rue cachée, isolée et tranquille, encore moins une impasse. Une rue importante, fréquentée. Je dois ralentir. Au beau milieu de la rue, en pleine chaussée, des enfants, oui, des enfants, jouent au baseball ou encore au frisbee. Ils s'arrêtent, me « laissent » passer avec des sourires, parfois même avec une petite tape sur ma voiture. Peuvent pas aller jouer ailleurs ? C'est pas un ghetto pourtant, il y a de grands parcs tout près, des pelouses immenses autour de leurs maisons. Non, simplement ils veulent la rue, ils la prennent, voilà. Ils me font la bonne grâce de me laisser passer, de quoi est-ce que je pourrais bien me plaindre ? Faut voir en plus comme ils sont habillés, pieds nus, en pleine chaussée... Non, ces Américains, tout de même...

Ce qui précède n'est qu'un collage très partiel de commentaires que j'ai très souvent entendus sur les enfants américains. Et je suis sûre que nous pouvons tous fournir des exemples, vécus, ou rapportés, du « manque d'éducation » des enfants américains. Gâtés, mal élevés, aucune discipline, des manières pas possibles, aucune gêne, égoïstes, aucune politesse, bougent beaucoup, courent partout, touchent à tout, font beaucoup de bruit... Chacun a son histoire favorite. Pas seulement en France. De nombreux parents français installés depuis longtemps aux États-Unis, dont les enfants ont été élevés « malgré » eux à l'américaine, se sont plaints de l'école américaine au cours d'interviews conduites par mes étudiants. « Pas de discipline », « on les laisse faire ce qu'ils veulent », pas assez de devoirs à faire à la maison, « aucune éducation générale... ainsi, moi, avec le peu d'éducation que j'ai, je connais la capitale de tous les pays du monde... allez trouver un Américain qui en sache autant ». « Aucun respect », « sont gâtés », « sont pourris », sont des commentaires que j'ai moi-même entendus et enregistrés très souvent. « Ici, madame, ce ne sont pas les parents qui élèvent leurs enfants, ce sont les enfants qui élèvent leurs parents... Je suis fier d'être resté français... mais attention, faut comprendre, je suis aussi fier d'être américain... »

De la même façon, les Américains ont beaucoup à dire sur les enfants français, ou peut-être plutôt sur les parents français. Voici un exemple que m'a rapporté un Américain visiblement mystifié par la scène :

70

« Nous prenons un pot chez des amis. Elle, française (comme ma femme), lui, américain (comme moi). Nos enfants s'amusent entre eux, entrent et sortent en courant, jouant à se poursuivre. La conversation des adultes est brusquement interrompue par G., la maîtresse de maison française, qui crie et engueule les gosses, tous les gosses, les nôtres et les siens, " parce qu'ils font beaucoup trop de bruit et nous empêchent de parler tranquillement ". Cela se reproduit, avec menaces croissantes qui atteignent les hurlements, chaque fois que les enfants oublient, dans le feu des poursuites, l'injonction de G. Quand nous sommes rentrés, j'ai fait remarquer à ma femme que c'était G. qui avait rendu toute conversation quasi impossible par ses interruptions bruyantes. » Il ajoute, d'un air amusé, que G. se plaint toujours de la « grossièreté » des Américains et de la manière « atroce » dont ils élèvent leurs enfants (« et en plus elle m'énerve parce qu'elle nous dit toujours, à son mari et moi, " pas vous deux, bien sûr, vous êtes l'exception, on a trouvé les deux seuls Américains potables " chaque fois qu'elle critique les Américains... moi aussi, je suis américain... »).

Des étudiants américains, avec lesquels j'étudiais la publicité des magazines français, se sont extasiés devant les vêtements pour enfants vantés dans certaines publicités, ont admiré leurs couleurs recherchées, la qualité du vêtement, le style... Après quelques moments de réflexion, quelques-uns ont demandé : « Mais comment ils peuvent jouer, dans ces vêtements ? » Je les ai envoyés dans les magasins de vêtements pour enfants, où ils pouvaient comparer les vêtements américains à ceux importés de France, les palper, les étudier. Réaction sommaire : les vêtements français étaient de loin les plus jolis, mais on ne pouvait imaginer un enfant ainsi habillé autrement que debout et immobile, ou assis sur un siège quelconque. Impossible de l'imaginer en train de courir ou de se battre pour rire, en train de se rouler par terre ou même sur l'herbe, bref en train de jouer à n'importe quel jeu où il puisse se salir. Pour les vêtements pour bébés, il était à remarquer un fait qu'ils trouvaient curieux : les pressions (ou autres fermetures) qui fermaient le vêtement se trouvaient aux épaules ou dans le dos à la hauteur du cou. Pas dans l'entrejambe comme pour les vêtements américains. Cela laissait supposer ou qu'on déshabillait complètement le bébé pour le changer, ou qu'on ne le changeait pas très fréquemment, ce qui signifierait ou bien que le confort du bébé passait après son apparence, ou qu'on entraînait très tôt les bébés à se contrôler. Les vêtements français furent unanimement condamnés malgré leur beauté. Un enfant si joliment habillé qu'il doive constamment veiller à ne pas se salir, bref qui ait conscience de ses vêtements, était, pour eux tous, un enfant brimé.

Cette opinion de mes étudiants rejoint l'attitude de nombreux Américains à ce sujet. Plus d'un Américain, en effet, s'est étonné en ma présence que les enfants français puissent rester « sages » pendant des heures. L'expression même, « être sage », ou « rester sage », les fait sourire. Elle est intraduisible (littéralement) en anglais (on utiliserait dans ce cas *well behaved*, c'est-à-dire « qui se conduit bien »). Pour un Américain, qu'un enfant reste tranquille pendant longtemps suggère ou qu'il est malade, ou qu'il est en quelque sorte opprimé par ses parents, qui restreignent ses mouvements, son espace, ses paroles et sa liberté. Ce ne sont pas des enfants, ce sont de petits adultes, dirait un Américain.

Une scène sur le quai de la gare à Rambouillet, en juin 1984, semblerait confirmer l'interprétation américaine. Une mère, à sa fille (deux ou trois ans) accroupie : « Allez, lève-toi... Tout à l'heure j'vais t'aider à marcher, tu vas voir un peu... » Puis, quelques moments plus tard : « J't'ai dit de ne pas te traîner comme ça... Eh bien, tu es propre... Allez, donne que j'essuie... et après tu mets ça dans ta bouche... » Et, comme pour empêcher sa fille de se resalir les mains en touchant le quai, elle la prend dans ses bras.

Une jeune Américaine qui avait passé l'année dans le Midi racontait comment elle s'était fait corriger par une petite Française de trois ou quatre ans dans un parc. Il faisait chaud et beau, l'Américaine était donc pieds nus dans le parc. Une « toute petite fille » qui passait par là, à quelques pas derrière son père, s'est arrêtée et lui a fait une leçon de morale sur ses pieds nus, ajoutant qu'une grande fille comme elle devrait savoir ça. Le père n'a pas corrigé sa fille. Pour l'Américaine en question, les Français apprennent à « être arrogants » au berceau.

Et puis il y a des scènes qui, comme celle du début de cet essai, évoquent le manque de compréhension, ou la surprise de l'étranger face à une situation non familière, un point d'interrogation plutôt qu'un jugement. Ainsi, des remarques d'étudiants qui avaient passé quelque temps dans une famille française. Une jeune fille au pair : « Quand des invités devaient venir dîner, les parents répétaient les règles aux enfants avant le repas. » Une autre, qui s'occupait d'un petit garçon de deux ans dans une famille bourgeoise (dans une maison si grande que les enfants avaient un appartement séparé de celui des parents, avec caméra vidéo dans leur chambre) : « Il ne fallait pas laisser B. pleurer parce que son père n'aimait pas le bruit quand il y avait des invités. » « Quand les enfants français sont jeunes, le père ne s'occupe pas beaucoup d'eux, les enfants doivent rester calmes et sages en sa présence. » « Les enfants français ne s'asseyent pas souvent pour simplement bavarder avec leurs parents. Un soir, après dîner, je suis restée avec les parents pour causer et regarder la télévision. Le lendemain, leur fille m'a demandé pourquoi j'avais fait cela. » « Mme N. avait deux fils, âgés de trois et huit ans. Les garçons jouaient toujours ensemble, c'était rare de les voir avec d'autres enfants. Un dimanche, nous avons eu un grand repas avec toute la famille. Les deux garçons sont restés complètement tranquilles pendant des heures. Ils n'ont pas parlé à table... On exige qu'un enfant, même s'il est très petit, sache se tenir... » « L'obéissance est très importante dans la famille française, l'enfant doit respecter les vœux de ses parents et surtout il ne doit pas discuter. Les enfants sont très sages, surtout quand le père est là. Par contre, l'enfant américain demande souvent pourquoi, quand les parents lui disent de faire quelque chose, et très souvent les parents lui expliquent pourquoi. Dans la famille française, le père a toujours raison. » « Dans la famille où j'étais, la mère accompagnait sa fille à ses leçons de piano et restait là pendant les leçons. Elle écoutait comment sa fille faisait des progrès, même si elle l'avait déjà écoutée mille fois à la maison. Les enfants américains vont tout seuls aux leçons de musique ou de danse, et si leur mère les accompagne, la plupart du temps elle ne reste pas avec eux. De la même façon, les parents américains laissent leurs enfants aller à l'école tout seuls, ou souvent avec des copains. En France, il me fallait accompagner tous les jours les enfants à l'école, et aller les chercher, même s'ils habitaient à deux minutes de là. Il y avait aussi une foule de parents qui venaient chercher leurs enfants. Eux aussi, ils habitaient très près de l'école. » « Les parents protègent leurs enfants de plusieurs façons. Dehors, il y a la restriction des mouvements physiques : " Ne cours pas ", " calmez-vous ", " doucement ", " pas si fort que ça ", " ne criez pas ". A la librairie, la mère aidait sa fille à choisir des livres. C'était vraiment la mère qui les choisissait. Les enfants américains choisissent leurs livres tout seuls. » « L'enfant français joue très bien tout seul... Si j'amenais la petite fille au parc, elle jouait avec sa poupée toute seule, sauf si son frère était là. Dans ces cas, avant d'aller jouer avec son frère elle aimait dire à sa poupée : " Ne te salis pas, t'entends ", en imitant sa mère. » « Les enfants de mon amie avaient cinq, dix et treize ans, mais ils n'avaient aucun problème à jouer ensemble. En revanche, les enfants américains n'aiment pas jouer avec leur petit frère ou leur petite sœur. » « Ce n'est pas étrange de voir un parent gifler son enfant en public... Les parents américains attendent d'être arrivés chez eux pour punir l'enfant, parce que c'est important que l'enfant ne soit pas ridiculisé devant ses copains. » Cette dernière phrase explique pourquoi l'Américaine qui avait raconté son expérience dans un foyer d'étudiantes avait été tellement vexée d'être réprimandée, même gentiment, devant son ami américain qui venait en France pour la première fois. Elle, qui se considérait comme adulte, avait été traitée en enfant, et, de plus, d'une façon qui pour elle était cruelle : ridiculisée devant un ami.

Je ne peux citer ici tous les témoignages que j'ai recueillis. Mais, s'il existait encore des doutes sur les différences entre Français et Américains dans le domaine des rapports parents-enfants, je crois que les pages ci-dessus suffiraient à les éliminer. L'analyse de ces témoignages, de mes interviews et de mes observations, m'a permis de prendre conscience de la distance qui sépare les prémisses culturelles qui informent ces rapports.

Une Française m'a dit, le jour du second mariage de sa fille, pour montrer sa joie et son approbation : « Pour moi, c'est la première fois qu'elle se marie », effaçant ainsi d'un trait les sept ans de la vie de sa fille consacrés à son premier mariage, et le premier mari qu'elle savait que je connaissais bien. Pour elle, seul le deuxième mariage comptait (comme elle l'a dit à tous les invités), non seulement, je pense, parce qu'elle approuvait et aimait beaucoup le deuxième mari, mais aussi surtout, je crois, parce que sa fille, qui jusque-là avait refusé toute maternité, attendait un bébé et en rayonnait de bonheur. Sa fille avait enfin, à ses yeux, atteint l'ère de la maturité. Pendant la réception intime qui a suivi la cérémonie, la mère s'est souciée plus d'une fois de la santé de sa fille, lui intimant de s'asseoir et de se reposer. Les autres membres de la famille et de la belle-famille en faisaient d'ailleurs de même. Le beau ventre rond de ma jeune amie ne semblait plus lui appartenir. Elle était devenue d'un seul coup dépositaire d'un être sur lequel les deux familles avaient des droits.

Se marier, ou vivre en couple, est déjà, bien sûr, un acte social, puisqu'il consiste à se présenter, ne serait-ce qu'à ses proches, comme partenaire d'un autre, dans une association permanente (même si elle se révèle temporaire plus tard). Mais cela ne donne aucun droit à l'entourage familial ou à la société, sur le ou la partenaire en question. Mais dès qu'un couple se transforme en « parents », ils sont tenus de se transformer en « bons parents », sous l'œil vigilant des autres. Mettre au monde un enfant est donc un acte éminemment social en France. Dans ce contexte, on comprend mieux pourquoi de nombreuses féministes françaises ont chanté la gloire de l'enfantement comme découverte de soi, joie physique, intimement personnelle, égoïste. Ce qui, pour des féministes américaines, semble être une contradiction (une féministe criant sa joie d'être mère) devient facilement compréhensible dès qu'on le voit comme une façon de reprendre l'acte d'enfantement à son compte, contre la définition, implicite, de l'enfantement comme acte social.

En effet, dès qu'on devient parent en France, on doit rendre des comptes à la société sur son comportement à l'égard de l'enfant. En tant que parent, mon rôle est de transformer cet être « malléable, innocent, impressionnable et irresponsable... » en être social, membre responsable de la société prête à l'intégrer en échange de marques d'allégeance. Ce qui veut dire qu'en devenant parent, c'est d'abord et avant tout envers la société que je contracte une obligation, une dette, plutôt qu'envers mon enfant qui, lui, vient en deuxième place. Si je donne priorité à mon enfant, je me mets en marge de cette société.

L'enfant est donc un trait d'union entre les parents et la société, c'est-à-dire les autres, les gens, bref quiconque est extérieur au triangle père-mère-enfant et même, à l'intérieur de ce triangle, extérieur à la relation entre parent (mère ou père) et enfant. En d'autres termes, mon comportement à l'égard de mon enfant est constamment soumis au jugement d'autrui. Ce qui explique que je sois toujours tenté de me justifier quand la conduite de mon enfant ne correspond pas, ou pourrait ne pas correspondre, à ce qu'un tiers, totalement inconnu, attendrait de lui. Si donc mon enfant « se conduit mal », je suis immédiatement mis dans une situation contradictoire : montrer à autrui que je connais les règles et que je m'essouffle à les lui enseigner, et en même temps montrer à mon enfant que je l'aime quand même, que la relation qui nous unit ne peut être si facilement détruite, puisque c'est justement en fonction de ce donné de l'amour parental que l'enfant essaiera de changer, d'améliorer cette conduite qui me déplaît tant parce qu'elle déplaît aux autres. A la limite, cela peut m'amener, moi parent, à proférer la parfaite double contrainte du : « Tu n'es plus ma fille » ou : « Tu n'es plus mon fils. » En effet, cette menace, des plus familières, ne peut avoir de sens, et donc d'effet, que dans la mesure où elle affirme, dans un même souffle, sa propre négation. Car si, en disant : « Tu n'es plus mon enfant », j'affirmais une rupture réelle, comme quand je dis à quelqu'un : « Tu n'es plus mon ami », ou : « Tu n'es plus mon amant », mon enfant n'aurait aucune raison de se conduire différemment et d'essayer de me plaire. Mais c'est parce que j'ai posé, et la société de même, mon amour comme non contingent, et les liens qui nous unissent comme indestructibles même si nous n'en voulions plus, que ma menace peut avoir un effet. Mon enfant et moi savons, implicitement, que je suis en train de lui dire : « Tu es en train de te conduire d'une façon qui me fait honte, qui me fait de la peine, qui me fait mal... Tu n'es pas en train de te comporter comme l'enfant idéal digne de mon amour... La désapprobation de ton comportement par les autres rejaillit sur moi. »

Dans cette perspective, il devient évident que les constantes injonctions faites à table («Ne mets pas tes coudes sur la table », « Tiens-toi bien », « Ne parle pas la bouche pleine », etc.), les gronderies au café, les « engueulades » dans la rue, la rapide fessée ou la gifle n'importe où, la leçon de morale à haute voix, ou même seulement le geste ou le regard réprobateur entrent dans une seule et même catégorie. Il s'agirait moins de manifester ma colère, ce qui serait impoli puisque je dois rester maître de moi en public (d'où le : « Attends un peu qu'on rentre à la maison... »), que de prendre autrui à témoin des efforts que je fais pour bien élever mon enfant. Autrement dit, en grondant, en giflant, en répétant : « Tu as fini, oui », je me justifie aux yeux d'autrui. Si mon enfant se conduit mal, ce n'est pas ma faute, j'ai tout fait pour qu'il en soit autrement. Je suis « bon parent », mais j'ai à lutter contre la nature des enfants («les enfants, vous savez... ») ou, pire, contre les « mauvaises influences ». Plus mon enfant grandira, plus les « mauvaises influences » seront responsables de ses écarts de conduite, et certainement de toute conduite criminelle. (Question : Y a-t-il des parents qui empêchent leurs enfants d'avoir une mauvaise influence sur leurs amis ?)

Pour maintenir un tel contrôle sur les parents, les pressions doivent être très fortes. Elles le sont. Nous connaissons tous ces regards réprobateurs qui convergent sur les parents qui

« ne savent pas tenir leur enfant ». Si les regards n'ont aucun effet, les commentaires à haute voix, les prises à témoin prennent la relève. A la limite, si les parents restent sourds même aux allusions les plus claires, il n'est pas rare de voir des gens intervenir directement, comme cela arrive souvent à la plage (« Ce n'est pas gentil de jeter du sable sur les gens... » « Toi, si je t'attrape... »). D'ailleurs, en l'absence des parents, dans le quartier, dans la rue, etc., les voisins se sentent investis de responsabilité parentale à l'égard de tous les enfants qu'ils connaissent, et même de ceux qu'ils ne connaissent pas (« Si ta mère/ton père te voyait... »). Une petite scène, dont j'ai été très récemment témoin à Paris, illustre cela parfaitement. Dans une salle d'attente, pleine de familles variées. L'attente est longue, on s'impatiente, les enfants courent un peu dans tous les sens, mais de façon encore « tolérable ». Un petit garçon est évidemment allé trop loin, puisque la grand-mère qui fait partie de notre groupe me confie : « Il y avait un petit garçon qui donnait des coups de pied à sa grand-mère, alors je l'ai attrapé et je lui ai dit : " Tu es fatigué, hein, je suis sûre que tu ne voulais pas donner de coups de pied à ta grand-mère, mais tu es très fatigué... Maintenant tu vas être un bon petit garçon et aller demander pardon à ta grand-mère "... Non, quand même, j'aurais pas aimé être sa grand-mère... » La femme qui me racontait cela semblait satisfaite et plutôt fière de son action (elle me l'a racontée plusieurs fois), d'avoir remis le petit garçon sur le droit chemin. Elle aurait été horriblement scandalisée, je crois, si on lui avait dit qu'elle « s'était mêlée de ce qui ne la regardait pas » (même sous une forme très polie), ou qu'elle s'était arrogé des droits qui ne pouvaient en aucun cas être siens, interprétation américaine probable de la scène.

Cette prise de responsabilité fonctionne aussi dans l'autre sens. Il suffit en effet qu'un enfant seul (ou avec d'autres enfants) pleure, pour qu'il soit consolé, protégé, aidé, rassuré par un adulte qui passait. Ainsi, en gros, tous les adultes seraient responsables de tous les enfants et, à l'intérieur de ce groupe, certains adultes auraient la charge exclusive de certains enfants, les leurs, mais sous condition qu'ils « passent l'inspection » à laquelle ils sont constamment soumis par n'importe quel autre membre du groupe qui s'en arroge le droit.

Pour comprendre la situation américaine, il suffit, en quelque sorte, de renverser tous les signes. Bien sûr, ce sont les parents, là aussi, qui se chargent de l'éducation de leurs enfants. Mais la différence essentielle, c'est que cette charge leur appartient exclusivement. Quand je (américain) deviens parent, c'est envers mon enfant que je contracte une obligation, plutôt qu'envers la société qui, elle, vient en deuxième place. Mon obligation n'est pas de lui apprendre les règles et usages de la société, mais avant tout de lui donner toutes les chances possibles de découvrir et développer ses « qualités naturelles », d'exploiter ses dons et de s'épanouir.

Ainsi, quand j'élève mon enfant à la française, je défriche, en quelque sorte, un lopin de terre, j'arrache les mauvaises herbes, je taille, je plante, etc., pour en faire un beau jardin qui soit en parfaite harmonie avec les autres jardins. Ce qui veut dire que j'ai en tête une idée claire du résultat que je veux obtenir, et de ce que j'ai à faire pour y arriver. Ma seule difficulté viendra de la nature du sol, si je m'applique régulièrement à la tâche s'entend. Mais quand j'élève mon enfant à l'américaine, c'est un peu comme si je plantais une graine dans la terre sans trop savoir quelle sorte de graine j'ai plantée. Je me dois de lui donner de la nourriture, de l'air, de l'espace, de la lumière, un tuteur si c'est nécessaire, des soins, de l'eau, bref tout ce dont la graine a besoin pour se développer le mieux possible. Et puis j'attends, je suis les développements avec attention, je pourvois aux nouveaux besoins, et j'essaie de deviner quelle plante cela va donner. Bien sûr, tous les espoirs me sont permis. Mais si j'essayais de donner forme à mes rêves, de transformer ma graine de tomate en pomme de terre par exemple, je ne serais pas « bon parent ». Pour être bon parent, je donnerai donc à mon enfant toutes les chances, toutes les « opportunités » possibles, et puis je « laisserai la nature suivre son cours » (« *Let nature take its course* »). Si je lui enseigne les bonnes manières, les usages de la société, c'est pour lui donner une chance de plus, en sachant qu'il en aura autant besoin pour « réussir » sa vie, s'accomplir, que de leçons de musique, danse, sport, etc., de livres, jouets, et appareils de toutes sortes qui favoriseront son développement. Quand je lui aurai assuré une « éducation supérieure », c'est-à-dire quatre années d'études à l'université de son choix, j'aurai fait tout mon possible pour lui donner les meilleurs moyens de réaliser tous ses rêves, de se choisir.

En d'autres termes, c'est le parent français qui est soumis à un test, et son rôle de porte-parole de la société et sa qualité d'enseignant qui sont évalués. Mais c'est l'enfant américain qui est soumis à un test, c'est à lui de montrer à ses parents ce qu'il a fait des chances qu'ils lui ont données, de prouver qu'il ne les a pas gaspillées mais les a fait fructifier, de satisfaire aux espoirs qu'ils ont aveuglément mis en lui.

Dans cette perspective, il devient clair que l'enfance française est une période d'apprentissage de règles, d'acquisition de « bonnes habitudes », de discipline, d'imitation de modèles, de préparation au rôle d'adulte. Comme me l'a dit un informant, « nous avions beaucoup de devoirs à faire et peu de temps pour jouer ». L'enfance américaine est au contraire une période de grande liberté, de jeux, d'expérimentation et d'exploration où la seule restriction serait imposée par une menace de danger sérieux.

Dans le même esprit, les parents américains évitent au maximum de critiquer l'enfant, de se moquer de son goût, par exemple, ou de constamment « lui dire comment il faut faire ».

Par contre, les parents français entraînent leurs enfants à « bien se défendre », verbalement s'entend. Ainsi, en intimant à l'enfant de « ne pas parler pour ne rien dire », ou de « ne pas faire l'intéressant », de « ne pas dire des bêtises », je le force à découvrir les meilleures façons de retenir mon attention. Selon le témoignage d'une informante américaine : « En France, si l'enfant a quelque chose à dire, on l'écoute. Mais l'enfant ne peut pas prendre tout son temps pour retenir son public, la famille finit ses phrases pour lui. Cela l'habitue à mieux formuler ses idées avant de parler. Les enfants apprennent à parler vite, et à être intéressants. » A être amusants aussi. C'est-à-dire que l'enfant est encouragé à imiter les adultes, mais pas à les copier « comme un perroquet ». Le message implicite est : « Fais comme moi, mais de manière différente. » En même temps que je lui apprends les règles en le critiquant ou en me moquant de lui (« Tu vas pas sortir comme ça ? » « Tu as l'air d'un chien savant comme ça... » « Non, tu rigoles, tu vas pas y aller comme ça... » « Un polo vert et un short rouge ? Ouais... tu vas au cirque ?... »), je le force à se démarquer de moi en affirmant des goûts bien définis et des opinions bien formées.

En tant que parent américain, je m'efforce de faire exactement le contraire. Parent « idéal », j'écouterai avec patience sans l'interrompre tout ce que mon enfant voudra me raconter, je le complimenterai de s'être habillé tout seul (les premières fois) sans aucune remarque sur l'assortiment bizarre qu'il a choisi. Je le laisserai plus tard acheter les vêtements qu'il aura choisis, même s'ils me font dresser les cheveux sur la tête, si mes suggestions (« Tu ne crois pas que... ») sont rejetées. Le plus important, comme dans les jeux auxquels nous jouons ensemble, c'est de lui laisser toute latitude de faire ses propres erreurs et de trouver lui-même ses propres solutions.

Quand l'enfant atteint l'adolescence (et l'âge exact importe peu, disons que cela représente la période entre l'enfance et l'âge adulte), la situation semble inversée. Pour l'enfant français, le prix de ce long apprentissage, de ces années d'obéissance et de bonne conduite, c'est la liberté de « faire ce qu'il veut », c'est-à-dire de sortir tard le soir, de « s'amuser », de prendre une cuite peut-être, d'avoir des expériences sexuelles, de voyager, etc. Même si les parents continuent leur rôle d'éducateurs et de critiques, ils lui reconnaissent, au fond, le droit de « n'en faire qu'à sa tête » ou tout au moins s'y résignent (« Il faut bien que jeunesse se passe... »). Qu'il continue à être nourri, logé, blanchi par ses parents ne porte en rien atteinte à son « indépendance » : dans ce sens, je suis indépendant(e) si je sais ce que je veux, et je fais ce que je veux quelles que soient les apparences extérieures. Ainsi, il est possible que mes parents continuent à me « corriger » ou me « donner des ordres » ou me conseiller, cela peut m'impatienter mais au fond cela n'a pas vraiment d'importance, parce que je peux toujours « les laisser parler », les laisser jouer leur rôle sans que cela ait d'autre implication pour mon attitude qu'un acquiescement de surface. Ainsi, dans le foyer d'étudiantes décrit par l'Américaine plus haut, il est probable que les étudiantes françaises n'ont pas été gênées par les tours d'inspection de la directrice, les remontrances de l'assistante, ou les cris et leçons de morale du gardien parce que cela correspondait au rôle quasi parental que ces responsables devaient jouer, et qu'il suffisait de les laisser le jouer pour « avoir la paix ». Par contre, il me semble que les étudiantes françaises auraient trouvé très déplacée toute question de la part du gardien sur la raison de leur arrivée au foyer après le couvre-feu (et auraient refusé d'y répondre), tandis que l'étudiante américaine regrettait qu'il l'ait accusée sans lui donner l'occasion d'expliquer un retard « justifié ».

L'adolescent américain insiste davantage sur les signes extérieurs de son indépendance. Le premier signe sera économique : très tôt, il va montrer qu'il peut gagner de l'argent et « pourvoir à ses propres besoins », c'est-à-dire se payer tout ce qu'il considérerait « enfantin » d'obtenir de ses parents (disques, chaîne hi-fi, équipement de sport, moto, etc.). Cela est souvent interprété par des Français comme une preuve irréfutable « du matérialisme si connu des Américains ». En fait, ce que le jeune Américain est en train de faire, c'est au contraire de prouver qu'il est capable de se prendre en charge, de montrer à ses parents qu'il sait tirer profit des chances qu'ils se sont efforcés (jusqu'au sacrifice) de lui donner. Le second signe extérieur d'indépendance sera affectif : il est en effet important de « quitter la maison », même si on s'entend à merveille avec ses parents, ne serait-ce que pour les rassurer. Les parents américains s'inquiètent si leur fille ou leur fils hésite à « voler de ses propres ailes », donne ce qu'ils interprètent comme des preuves de dépendance, d'insécurité, de besoin « malsain » de protection, si elle ou il « se conduit comme un enfant ». Ce qui veut dire que même si au fond je (américain(e)) pense que mon enfant est encore immature, il est important que les signes extérieurs que je donne manifestent le contraire, non pas parce que je suis hypocrite, mais parce que je suis convaincu(e) que c'est ce qui l'aidera à atteindre la maturité. Et il est encore plus important que je fasse cela en présence d'autrui, de ses amis, mais aussi de mes amis.

En échange, toute « réussite » de mon enfant lui appartient

en propre. Je peux aller à tous ses matchs de tennis, ou assister anxieusement à tous ses concerts, mais je rejetterais avec indignation la moindre suggestion qu'il me doive, de quelque manière que ce soit, son succès. Je n'ai fait que lui donner la possibilité.

Comme l'Américain fait en quelque sorte « ce qu'il veut » depuis son enfance, il est beaucoup moins important qu'il « sache » très tôt ce qu'il veut. Les parents tolèrent, quand ils ne l'y encouragent pas, que leur fille ou fils « fasse l'expérience de différents styles de vie », hésite entre plusieurs carrières, bref ne se « fixe pas trop tôt », ce qui pourrait réduire ses chances, restreindre son potentiel (ce qui explique que la majorité des études universitaires, y compris médecine et droit, comprennent quatre années préalables de *college,* c'est-à-dire d'études générales combinées à un ou deux domaines de spécialisation). Cette accumulation du maximum de chances sur le jeune Américain fait peser très vite sur lui des pressions très fortes de se prouver, de montrer à ses parents (et au monde), de quoi il est capable. Mais comme l'attente n'a jamais été clairement définie, et, idéalement, ne peut l'être, il ne peut y avoir, logiquement, de moment où le but puisse être atteint. L'injonction parentale implicite est de toujours saisir toutes les chances, d'aller toujours plus loin et plus haut, sans répit, d'être toujours *on the go.* Ne pas le faire, c'est se résigner à la médiocrité, au gaspillage des chances, à l'échec suprême qui consiste à ne pas exploiter au maximum son potentiel humain.

Une des conséquences de tout ce qui précède, c'est que la majorité des Français interviewés se rappellent avec plus de plaisir leur adolescence (« on faisait les fous ») que leur enfance, si heureuse qu'elle ait été. L'enfance est lourde d'interdits, l'adolescence est, ou est reconstruite, comme une explosion de liberté, d'expériences mémorables avec les copains, une sorte de parenthèse heureuse. On peut même s'y permettre des blagues, des fous rires, des « tours pendables », que des Américains du même âge ont des difficultés à comprendre parce qu'ils définissent, pour eux, un comportement enfantin. Par contraste, quand un Américain entre dans l'adolescence, il fait soudain face à toutes sortes d'attentes, véritables ou imaginées, de prise de responsabilité et de performance. C'est le moment pour lui de monter sur une scène qu'il ne quittera plus qu'avec une conviction profonde d'échec. D'où le trac, la panique qui saisit souvent les adolescents américains au moment de quitter à jamais la liberté totale, les jeux et l'insouciance du monde de l'enfance. Pour la majorité des Américains, l'enfance devient le paradis perdu. Que j'aie eu ou non une enfance heureuse ne change rien à l'affaire, cela veut dire seulement que j'ai été doublement lésé, de mon droit à « l'opportunité », et de mon droit à quelques années de paradis, moment béni où je n'ai ni à être adulte ni à jouer à l'être.

Ainsi, tandis que les jeunes Américains ne comprennent pas pourquoi les jeunes Français se comportent souvent « comme des enfants », les jeunes Français aux États-Unis font souvent la remarque que les jeunes Américains « sont trop sérieux », « ne savent pas s'amuser », « ont des boums ennuyeuses », bref se comportent « comme des vieux ».

Ces différences entre jeunes Américains et Français, cette inversion pour ainsi dire systématique des signes entre les deux systèmes, on les retrouve dans les rapports entre enfants et adultes dans les deux cultures.

Les parents français, s'ils sont éducateurs, ne peuvent être en même temps compagnons de jeux pour leurs enfants, sauf entre parenthèses, quand les règles sont pour ainsi dire suspendues. Et, dans ce cas, c'est le parent qui joue à être un enfant, se met de cette manière sur le même pied que l'enfant. Pour la majorité de ses jeux, l'enfant se tourne vers les autres enfants dans la famille, sans souci des différences d'âge, est vivement encouragé par ses parents à le faire, et aussi à les remplacer auprès d'enfants plus jeunes, à l'école, dans la rue. Les parents renforcent cette solidarité qu'ils créent entre les enfants en refusant d'intervenir en cas de dispute. Selon les paroles d'une informante : « Quand j'allais vers ma mère, c'était une calotte supplémentaire... alors j'ai vite compris. » C'est donc aux enfants de « se débrouiller entre eux ». Et surtout, surtout, qu'ils ne viennent pas « rapporter », ce n'est sûrement pas le meilleur moyen de s'attirer la faveur des parents, bien au contraire. Peu à peu ce système apprend aux enfants à être solidaires l'un de l'autre, contre l'autorité parentale. Et ce rapport se reproduit à l'école. En même temps, à l'intérieur de la famille, chaque parent établit des rapports indépendants avec chaque enfant, et chaque enfant en fait de même avec ses frères et sœurs. Chaque membre de la famille est donc en même temps engagé dans un réseau de relations indépendantes l'une de l'autre, et témoin (ou juge) des relations de tous les membres de la famille entre eux. Cela permet donc, en cas de brouille entre deux membres de la famille, à un autre membre de la famille, non engagé dans la brouille, de jouer le rôle d'intermédiaire, d'interpréter à l'un la conduite de l'autre (« Tu sais, faut comprendre ton père », « Tu sais, ta mère est très fatiguée en ce moment », « Faut pas te fâcher, il prépare son bac et il est très énervé »...). L'enfant s'habitue donc très tôt à une multiplicité de rapports simultanés, et à la présence d'intermédiaires, de facilitateurs.

Ce rôle joué par l'intermédiaire pour « arranger une situation » explique que l'intervention des parents à l'école et, comme on le verra, à l'université, soit acceptée ou tout au moins tolérée par les enfants français, alors qu'elle serait intolérable, sinon inadmissible, pour des enfants américains. Ainsi, un couple français, en France, me demandait de leur expliquer le système de l'enseignement supérieur aux États-Unis, parce que leur fils avait envie d'y aller. Tous deux éduqués, « modernes ». J'expliquai. Forte de mon expérience de malentendus culturels fréquents, je m'apprêtais à expliquer le plus important selon moi, c'est-à-dire les attentes auxquelles les Français ne seraient pas habitués. Pour illustrer, j'ai commencé à raconter l'histoire que venaient de me raconter des amis (français) qui étaient intervenus avec fureur parce que leur fils avait, semble-t-il, été lésé par l'« incompétence » de certains responsables de grande école. J'allais dire que ce genre de chose ne pouvait se passer aux États-Unis, ou serait très mal vu (par le fils lui-même qui se sentirait pris en charge « comme un enfant ») quand, heureusement pour la bonne entente entre ce couple et moi, j'ai été interrompue par la mère qui m'a dit : « Ah, oui, c'est comme pour Alain... » et m'a raconté, indignée, toutes les interventions qu'elle avait dû faire à la faculté de médecine pour des ennuis « stupides » qu'ils avaient faits à son fils. Je me suis tue avec reconnaissance, avec ce sentiment de vertige qui vous saisit au bord du précipice.

L'enfant américain est encouragé très tôt à jouer avec d'autres enfants du même âge (donc en dehors de la famille), à « se faire des amis », à apprendre à entrer en relation avec des étrangers, à « devenir populaire » parmi ses égaux. A la maison, c'est l'approbation ou les encouragements des parents (en attendant l'admiration) qu'il recherche ; il est donc logique qu'il se sente en compétition avec ses sœurs et frères. A l'école, il en sera de même, il devra en même temps se faire des amis parmi ses camarades et entrer en compétition avec eux pour l'attention et l'approbation du maître et plus tard du professeur, pour lequel il « fera le mieux possible ». Cette compétition ne vise pas à écraser les autres mais à les stimuler, et à extraire, « éliciter » de chacun la meilleure performance possible, et que le meilleur gagne. Et tout comme le parent, le prof ne se permettra pas de critiquer en public le travail d'un(e) étudiant(e), mais lui donnera les moyens de trouver en lui (elle) et de développer ce en quoi il (elle) excellera. Un prof qui ferait en classe des commentaires cassants, méprisants ou même moqueurs sur chaque devoir qu'il rend, comme c'est possible dans le système français, serait jugé malade, détraqué et en tout cas inhabile à enseigner. Son cours serait simplement déserté, comme je l'ai vu arriver à un jeune lecteur fraîchement arrivé de France dans une université américaine. L'étudiant américain, habitué dès l'enfance à l'explication plutôt qu'à l'autorité absolue ou la démonstration par l'exemple, n'hésite pas à poser des questions, discuter, ne pas être d'accord, remettre en question, ce qui surprend toujours les étudiants français en visite aux États-Unis. Ce qui les surprend encore plus, c'est que le prof ne prenne pas la question comme un signe d'hostilité, un défi à son autorité, mais la traite comme un signe d'indépendance intellectuelle, ou un désir sincère de mieux comprendre, de participer à la discussion sur un sujet qui l'intéresse, attitude que le « bon » prof cherchera à encourager. Il est à remarquer ici que l'étudiant américain se tourne spontanément vers le professeur plutôt que vers ses camarades de classe, reproduisant ainsi le rapport qu'il a établi avec ses parents. La relation ne concerne que ces deux personnes. Ni parent ni enfant ne donne à quiconque le droit d'intervenir, d'« interférer », dans leur relation, pas même à l'autre parent.

Pour le jeune Français, enfin, arriver à maturité consiste à assumer le rôle pour lequel ses parents et autres éducateurs l'ont préparé, à être « éducateur » (dans son sens large) à son tour, à prendre sa place et ses responsabilités dans la société et recommencer le cycle. Quel que soit son âge, cependant, sa conduite rejaillira toujours sur ses parents qui partagent ses succès comme ses déboires. C'est aussi à ce moment qu'il commence à se préoccuper du bien-être de ses parents, et s'engage tacitement à les prendre à sa charge dans leur vieillesse, et à renverser les rôles. A son tour, il sera jugé, par quiconque s'en arroge le droit, sur la manière dont il traitera ses parents.

La maturité, pour un Américain, est un concept beaucoup plus fluide, qui varie d'un individu à l'autre. Je peux donc être un adulte responsable (j'ai un travail permanent, une maison, une famille, je paie mes factures et mes impôts) et quand même être considéré par certains comme immature, tandis qu'un autre enviera en moi le fait que j'aie gardé un certain côté « enfant » (goût du risque, capacité d'émerveillement, refus de l'impossible, etc.). A la limite, c'est moi seul qui décide si j'ai ou non atteint la maturité. Et de même que mes parents se sont toujours efforcés de me permettre d'être responsable de moi-même, au prix souvent d'un contrôle sévère sur toute envie d'en faire autrement, de même je ne traiterai pas mes vieux parents comme des enfants en leur infligeant l'« indignité » de les prendre à ma charge (chez moi), mais je m'assurerai de la sécurité et du confort de leur environnement et de leur possibilité d'avoir une « vie sociale » avec des gens dont ils apprécieraient la compagnie, c'est-à-dire des gens de leur âge. Ma famille et moi leur rendrons visite, mais ils ont gagné le droit à une vie tranquille ou frénétique, en tout cas libre des exigences ou des pleurs de petits enfants. Pour un Français, cependant, cela veut dire que les Américains abandonnent leurs vieux parents.

Devant des différences culturelles si profondes à pratiquement chaque étape du cycle de la vie, on ne peut plus que s'étonner non pas de la quantité de sources de malentendus, mais plutôt de la possibilité et de l'existence même d'une entente.

Le couple

Après une communication sur les malentendus interculturels que j'ai faite à un colloque en France, une collègue française m'a attendue à la sortie pour me dire qu'elle était « entièrement d'accord » avec tout ce que j'avais dit, en particulier sur le couple interculturel : « Eh bien, vous voyez, moi, je suis en train de divorcer. Mon mari est américain, et il fait tout exactement comme vous dites, et ça m'énerve... Et je suis sûre que je l'énerve aussi, parce que je fais aussi tout ce que vous avez dit... On s'est finalement rendu compte que ça ne pouvait pas marcher. »

Un Français marié depuis de nombreuses années à une Américaine : « J'aime beaucoup ma femme... mais elle sera toujours pour moi l'étrangère intime. » Une Américaine, qui avait vécu en couple avec un Français, a résumé ainsi son expérience : « Si j'avais voulu avoir un enfant, j'aurais aimé le faire avec lui, mais pour rien au monde je n'aurais voulu qu'il soit le père de mon enfant. » Elle avait ainsi, en une seule phrase, réussi à séparer l'être génétique de l'être culturel.

Un jeune Français aux États-Unis : « J'avais une amie américaine que j'aimais beaucoup ; on s'entendait très bien, mais ça n'a pas pu marcher : elle voulait que je l'appelle avant d'aller la voir, au cas où elle serait pas libre ou aurait trop de travail... J'ai fini par laisser tomber, si j'peux pas passer voir mon amie quand ça me chante, à quoi ça sert... » Une

Américaine, après un an en France : « ... J'ai laissé un mot à Henri sur ma porte pour lui dire de me laisser un mot s'il voulait sortir ce soir-là... On n'avait pas le téléphone et c'était difficile de communiquer... Quand je suis revenue, mon mot n'était plus là, mais Henri n'avait pas laissé de mot ; je suis sortie... Je ne l'ai pas revu pendant trois jours... Il était fâché parce que je n'étais pas là quand il est passé me voir... » Une autre : « J'avais beaucoup de problèmes avec Jacques. Il disait toujours qu'il m'aimait beaucoup, mais quand on sortait on était rarement seuls, on était toujours avec ses amis... »

Des deux côtés, le même message : différence qui attire, et puis déroute. Parfois, les petites blessures s'accumulent, et se transforment en « problèmes de couples », d'où la rupture, ou même le divorce. Les problèmes du couple étant sujet commun de recherches et de thérapies des deux côtés de l'Atlantique personne ne s'en étonne. Autre cas d'incompatibilité, pense-t-on.

Il est possible (et même probable) que de nombreuses ruptures de couples hétéroculturels soient dues à des problèmes d'incompatibilité identiques à ceux des couples homoculturels explosés. Je suis convaincue cependant que, pour ces couples hétéroculturels, c'est la différence entre nos prémisses culturelles qui est à l'origine de la majorité des heurts, de ceux qu'on oublie ou pardonne d'autant plus difficilement qu'on ne les comprend pas. On peut, en effet, se savoir différents, sans savoir exactement comment fonctionne cette différence. Autrement dit, je sais très bien qu'il peut exister autant de façons de faire l'amour que de cultures. Mais d'aimer ?

Comme on le voit par la dernière phrase, on entre en couple parce qu'on s'aime : cela est déjà une présupposition culturelle, mais qui, elle, est commune aux cultures française et américaine. C'est déjà différent du « mariage », qui en français peut être « d'argent », « d'intérêt », « de raison », « de convenance », et enfin « d'amour », tandis qu'en américain ces catégories, bien qu'elles existent, ne sont pas désignées de la même manière. En américain, le mot *marriage* semble présupposer la notion (vague) de *love,* puisqu'il n'est qualifié, dans la langue courante, que par des termes comme *traditional* ou *open* (c'est-à-dire exclusivité/non-exclusivité sexuelle des conjoints), en plus de « heureux/malheureux », etc. C'est quand ce n'est pas un « mariage d'amour » qu'il faut préciser en anglais : « *He/she/they married for money/power, etc.* »

Revenons-en au couple. Si je dis, en français aussi bien qu'en anglais, « nous étions trois couples à dîner, hier soir », cela suppose trois femmes et trois hommes, c'est-à-dire des couples hétérosexuels. Si j'ai vraiment compté un couple homosexuel parmi ces trois couples, il va me falloir suggérer cela dans le courant de la conversation (en donnant les noms par exemple) parce que le langage me force encore à préciser « homosexuel » et continue à traiter « hétérosexuel » comme redondant.

Le couple est donc, dans les deux cultures, par définition hétérosexuel. Il s'agit d'un homme et d'une femme mariés ou comme tels, que l'on suppose unis par des liens sexuels. Au singulier, le terme évoque une certaine permanence, une sorte de légitimité en même temps que d'exclusivité dans une relation sexuelle (par opposition à « des amants » *(lovers)* par exemple). Il est curieux de remarquer qu'au pluriel, le terme n'évoque qu'une esquisse, une promesse ou une possibilité de liens, comme quand on parle de couples qui se font et se défont dans la danse. Ce sont des similarités comme celles dont je viens de parler qui souvent, à notre insu, nous induisent en erreur et nous empêchent de prendre conscience des différences profondes entre les deux cultures, en ce qui concerne le sens du couple.

95

En français, quand je pense « couple », deux mots me viennent immédiatement à l'esprit, « assorti » et « mal assorti ». Il me semble même que l'association est automatique quand on veut décrire tel ou tel couple à une tierce personne. Ce qu'il faut remarquer ici, c'est que l'assertion : « Ils forment un couple assorti (mal assorti) » se suffit à elle-même, n'a aucun besoin d'être qualifiée, modifiée, clarifiée. Cela suppose donc que mon interlocuteur(trice) et moi savons immédiatement à quoi nous en tenir, et que nous pouvons très bien ne pas éprouver le besoin d'aller plus loin dans la description. Ce qui veut dire que cette définition est, en fait, un jugement porté sur le couple en fonction de caractéristiques extérieures, de signes considérés comme évidents, non équivoques. Un couple mal assorti exhibera des différences que nous trouverons trop grandes dans les catégories suivantes : apparence physique (grand/petit, gros/mince, beau/laid, sportif/maladif, etc.) ; âge ; classe sociale, en tant qu'elle est trahie par les vêtements (bonne/mauvaise qualité ; discrets/tapageurs ; élégants/vulgaires, etc.) et le comportement (correct/déplacé...). Les différences de personnalité n'entrent en jeu que si elles se traduisent par des signes extérieurs (nerveux/flegmatique, par exemple). Autrement, si je parle des caractères bien ou mal assortis des deux partenaires, c'est pour affirmer, ce faisant, que je connais le couple mieux que « de vue ». Cette définition extérieure du couple suggère l'existence d'un portrait-robot du couple tel qu'il devrait être, sur lequel nous (français) serions tous d'accord. Cette description extérieure du couple a une puissance telle qu'il n'est pas rare que je la fasse mienne pour parler du couple même dont je fais partie (« Nous formons un couple très/pas du tout/plutôt... assorti »).

Ainsi le couple a valeur de catégorie sociale (pour les Français). Il est l'affirmation de certaines valeurs sociales : faire partie d'un couple, c'est proclamer des rapports sexuels approuvés, rendus légaux, légitimes, ou licites par le mariage, la vie commune, ou simplement l'assentiment tacite et public à des liens sociaux aussi bien que sexuels. Former un couple est un acte social, à la différence d'avoir un(e) amant(e). En effet, faut-il le rappeler, former un couple est différent de s'accoupler. Ce qui veut dire que, pour exister, mon couple doit être « dit » : je donne l'habitude aux autres de lier le nom de mon partenaire au mien en le faisant moi-même, par le discours que je permets entre nous en face des autres, et par mon comportement devant les autres.

En effet, dès que je présente mon association avec un(e) partenaire comme un couple, j'actualise ce qui pourrait sembler contradictoire : en même temps que j'affirme des liens sexuels réels ou possibles (par opposition à des liens de parenté, d'amitié ou d'affaires par exemple), je fais disparaître de mon comportement tout ce qui pourrait suggérer l'existence de ces liens. C'est-à-dire que notre comportement de couple sera différent selon que nous aurons ou non des témoins. La distinction entre ces deux sortes de conduite reproduit, d'une certaine façon, la séparation rigoureuse qui existe, en France, entre la maison et la rue et, à l'intérieur même de la maison, entre les pièces accessibles et interdites (voir essai sur la maison). Cette séparation n'admet en général pas d'aire d'ombre. Ainsi le couple « à la maison » mais devant une fenêtre ouverte, ou à portée de voix, doit, ou du moins devrait se conduire comme en public.

A la maison, « dedans », sans témoins, c'est l'intimité, la séparation d'avec les autres, la sexualité. Derrière les murs de la maison, le comportement du couple ne regarde que lui ; bien plus, le couple se doit de ne pas « se donner en spectacle » s'il ne veut encourir l'accusation d'exhibitionnisme. Si le couple devient « parents », il tient compte de la présence de ces témoins intimes dans son comportement, sinon dans son discours « sexuel ». A moins donc d'être admise dans l'intimité d'un couple, je ne connaîtrai ce couple que par son comportement du « dehors », c'est-à-dire social. Là est subitement interdit tout ce qui ramène les deux partenaires exclusivement l'un à l'autre, tout ce qui les isole du groupe, tout ce qui rappelle un peu trop l'autre relation, celle du « dedans ». (Ainsi, selon les règles données par un guide du savoir-vivre : « Il est préférable de ne pas abuser en public de " ma chérie " ; ou encore : " ma biche ", " mon cœur ", " mon ange " doivent être réservés pour l'intimité. ») La « tendresse » est permise, mais tout ce qui est « passionné » devient pratiquement tabou en public. Fait en apparence paradoxal, un couple français ne se comporte pas « en public » comme « des amoureux » ou « des amants », qui « n'existent que l'un pour l'autre ». Cela veut dire que si X (que je connais bien, et qui saurait donc si je vis en couple avec quelqu'un) me voit dans la rue avec Y, homme qu'il ne connaît pas, il peut en conclure que Y est mon amant seulement si nous nous conduisons comme on ne devrait le faire que « dedans » quand on fait partie d'un couple (si « nous nous affichons ») ; en effet, si X me sait en couple avec W, me voit avec Y, et que notre comportement ne révèle pas de liens « illicites », X supposera probablement que Y et moi sommes copains, collègues, ou amis. Mais si je retrouve X que j'ai perdu de vue depuis longtemps (il peut donc ignorer où en sont mes affaires de cœur), et qu'il me revoit avec Z, il n'a aucune façon de savoir que Z est un de mes amis, mon mari ou mon concubin, si je ne dis pas mon couple ou mon amitié (ainsi, il n'est pas interdit de donner le bras à un ami).

On se rappelle les « problèmes » que l'Américaine citée au début de cet essai, disait avoir avec « Jacques » : « ...il disait toujours qu'il m'aimait beaucoup, mais quand on sortait on était rarement seuls, on était toujours avec ses amis... » Une autre Américaine me disait sa difficulté à comprendre une expérience du même genre : « Je mangeais tous les jours avec Gérard au restau-U. Si ses copains étaient déjà là, il fallait se mettre à leur table ; si Gérard était avec eux, il était toujours au bout, avec une place réservée pour moi au bout aussi, ses copains ne me parlaient pas ; si ses copains arrivaient quand Gérard et moi étions déjà là, ils allaient s'asseoir ailleurs même s'il y avait de la place à notre table, puis venaient plus tard dire bonjour... Je crois tout simplement qu'ils ne m'aimaient pas du tout... Une fois, on était à une boum, et tout le monde dansait, et tous les copains de Gérard m'ont invitée à danser et empêchée de danser avec Gérard toute la soirée... Et Gérard rigolait... J'comprenais pas du tout, et j'avais beaucoup de peine... Il était tellement différent quand nous étions seuls... »

Quelle que soit la personnalité de Gérard ou de ses copains, il me semble possible d'interpréter leur comportement à la lumière de ce que nous venons de voir sur le couple et l'« intimité » : les autres ne viendront pas la troubler, « tenir la chandelle », si votre couple est déjà fermé sur lui-même (à table, face à face, par exemple) ; mais si vous vous joignez au groupe, à la bande, aux amis, à la famille, le groupe a priorité sur le couple et n'admet pas des rapports d'exclusivité. Bien sûr, la tolérance du groupe change selon l'âge, les circonstances, etc., mais il n'en demeure pas moins que si je veux me joindre à mon groupe, je me dois de ne pas renier sa présence en agissant comme s'il n'était pas là. En échange, mon groupe va tolérer mon (ma) partenaire, et le (la) soumettre à toutes sortes de petits jeux-tests (comme par exemple nous séparer systématiquement et m'(l')invitant à danser) avant de pouvoir envisager de l'admettre. En d'autres termes, ce qui doit être prouvé au groupe, c'est que ma relation de couple ne met pas en jeu, ne menace pas mes autres rapports (avec mes copains, ma famille...). Si nous vivons ensemble, un comportement « sexuel », c'est-à-dire qui exclut les autres (s'embrasser longuement sur la bouche, se caresser...) est encore moins admissible (« Ah, mais écoutez, à la fin, rentrez chez vous, hein... »), clairement interprété comme antisocial.

Si le couple français est tenu de se tenir de manière « décente » devant tous ceux avec lesquels l'un des deux a des liens déjà établis, il n'est plus soumis à des restrictions aussi fortes devant des inconnus. Je peux donc reconnaître ou renier (rejeter) la présence des autres, reconnaître ou renier les liens qui nous unissent, simplement par ma manière de me comporter avec mon (ma) partenaire en face d'eux. D'où la très grande variété de comportements publics (qui parfois scandalisent les étrangers) des couples français.

Je crois que je peux montrer par la parole ce que j'ai moins de latitude à montrer par gestes (par mon corps) : les liens qui unissent mon couple. Je ne veux pas dire par là que c'est la quantité des « chéri(e) » qui sera révélatrice, mais bien plutôt la nature du discours que je me (et lui) permets. Quand nous sommes en compagnie, en présence d'amis, mon partenaire et moi nous pouvons nous moquer gentiment l'un de l'autre, tout aussi bien que plaisanter l'un sur l'autre ou nous lancer des pointes spirituelles (nous « attaquer » selon une interprétation américaine). Nous pouvons nous contredire et discuter avec passion, prendre parti dans des camps opposés. Nous pouvons « intervenir » (« Tu ferais mieux de ne pas prendre un petit verre de plus, tu sais comme ça te fait du mal », « Mais ne t'énerve donc pas comme ça, tu vas avoir une crise cardiaque », « Mais non, il blague, il n'est pas du tout en colère ») ; ou nous couvrir de petites attentions (« Tu n'es pas trop fatigué(e) ? », « Tu es sûr(e) que ça t'embête pas ? ») ; nous pouvons être exaspérés (« Oh, tu exagères toujours »), et même nous fâcher, sans pour cela que nos amis s'inquiètent, au contraire (« Oh, ils ont toujours été comme ça », ou encore : « Ils s'engueulent à longueur de journée mais ils ne pourraient pas vivre l'un sans l'autre »). En fait, j'irai même jusqu'à dire qu'on se méfierait sans doute d'un couple qui étalerait toujours une entente parfaite, que c'est probablement dans ce cas que l'on s'inquiéterait, que l'on soupçonnerait qu'il y a « quelque chose de pas normal », anguille sous roche. A la limite, on serait un peu écœuré qu'ils soient (ou soient devenus) un peu « gnangnan ».

Tout cela paraîtrait profondément choquant à un(e) Américain(e). En effet, c'est le geste, le contact physique que je (américain(e)) permets à mon (ma) partenaire qui montre que nous formons un couple, en réduisant publiquement l'espace entre nous deux. Ce qui explique le choc des Américains quand ils voient des Françaises bras dessus, bras dessous, ou des hommes français s'embrasser (pour se dire au revoir par exemple). Je me rappellerai toujours la raideur soudaine qui a envahi le corps jusqu'alors décontracté de plusieurs amis américains quand un ethnologue français, qui avait été très heureux de sa visite, a embrassé tout le monde à l'aéroport. Par contre, un jeune Américain qui, lui, « savait que les Français s'embrassent tout le temps, pour dire bonjour et au revoir », s'est trouvé presque embarqué dans une aventure homosexuelle à son insu, peu après son arrivée en France.

Le caractère potentiellement sexuel du couple est, paradoxalement, renié en même temps que la formation de couple est encouragée très tôt aux États-Unis par le système de *dating :* un garçon et une fille de onze, douze, treize ans vont ensemble au cinéma (souvent un parent les y dépose et va les chercher), à une boum (d'anniversaire ou autre) ou à un match. S'ils « sortent » régulièrement ensemble, ils *go steady,* c'est-à-dire qu'ils représentent une sorte de « mini-couple » dont la nature non sexuelle est garantie (autant que possible) par l'injonction adulte de « ne rien faire », le chaperonnage des danses et autres activités à l'école, et la surveillance discrètement permise au parent qui joue le rôle de chauffeur. Le rapprochement des corps n'indique donc pas des rapports sexuels, mais plutôt que des rapports sexuels seraient éventuellement permis entre ces deux personnes. La conséquence logique de cette prémisse est que je (américain(e)) contrôlerai avec soin l'espace qui me sépare des autres, et la nature de nos contacts (ainsi, une grande claque dans le dos est un contact acceptable entre deux hommes ; de même, les joueurs de football peuvent se donner des tapes sur les fesses ou se jeter fougueusement dans les bras l'un de l'autre parce que ce contact, tabou ailleurs que sur le terrain de sport, est clairement défini comme non sexuel par le contexte « masculin sans ambiguïté » du football).

Je peux donc facilement repérer les couples dans la rue : deux personnes de sexe opposé ou du même sexe qui se tiennent par la main, sont très près l'un de l'autre, enlacés, tête contre épaule, ou simplement se regardent en marchant. Bien plus, je n'accepterai d'avoir ces contacts qu'avec celui (celle) que j'accepte comme partenaire sexuel réel ou potentiel. D'où l'incompréhension des Français qui prennent pour de la « pruderie puritaine » ce qui est, en fait, un simple système de signalisation. A l'encontre des Français qui « disent » leur couple, je (américain(e)) affirme mon couple par l'image visuelle que j'en donne ; en supprimant l'espace entre X et moi, je nous présente comme une unité sociale. Mes amis vont s'attendre à nous voir « tout le temps » ensemble, vont nous inviter ensemble, en tant que couple. Nos parents mêmes vont nous inviter en tant que couple (au restaurant, à un concert, à un pique-nique, à une party). Ne pas inviter ma (mon) partenaire, c'est me refuser, me rejeter, je n'accepterai donc pas l'invitation ; d'où les difficultés familiales fréquentes si mes parents ne traitent pas mon (ma) partenaire comme « inséparable » de moi.

On peut accepter les couples surprenants *(unlikely),* c'est-à-dire qui exhibent des différences extrêmes (ce qui correspondrait au « mal assortis » français), mais il est très difficile, sinon impossible, de considérer comme un « vrai couple », « *a good couple* », un couple qui ne serait pas manifestement uni.

Cette union-unité est visible dans leur air heureux d'être ensemble, leurs sourires, l'intérêt qu'ils montrent l'un pour l'autre. Plus que tout, c'est par leur discours, dans leur discours qu'ils vont exprimer cette unité : le couple idéal américain est toujours d'accord. Pas de contradictions et encore moins de « corrections » (« Mais non, ce n'est pas Gus qui a dit ça, c'était Al »), pas de remontrances, pas d'interventions, pas de conseils, pas de désaccord, pas d'opinions radicalement opposées, pas de dispute, pas de mine renfrognée, pas de silence désapprobateur, pas de reproches, pas de colère, et surtout, surtout pas de cris. Tout conflit, toute menace de conflit, ou toute suggestion de conflit est mauvais signe : le couple a « des problèmes », ne peut pas durer, ne va probablement pas durer.

L'absence de conflit ne suffit d'ailleurs pas, il faut qu'il y ait soutien *(support)* manifeste de l'autre, constamment réaffirmé. Si mon compagnon est attaqué, je dois immédiatement le défendre, prendre son parti, expliquer le non-fondé de l'attaque. Je ne dois pas dire de mal de lui aux autres, en sa présence ou en son absence. Je dois l'encourager dans ses entreprises les plus folles, même si je suis seule à le faire, si cela va le rendre heureux *(« He was very supportive », « She supported me through it all »)*. Et je fais moins cela pour la galerie, les autres, que pour lui (elle), pour lui montrer combien je l'aime. Pour lui prouver totalement mon amour, je dois le (la) soutenir sans réserves et sans hésitation, ce qui devient évident dans ma bonne humeur et mon visage souriant *(cheerfulness)*.

De la même manière, toute séparation physique est une menace au couple. D'où la difficulté qu'ont les Américains à comprendre le style de beaucoup de vacances familiales françaises, où la femme part la première avec les enfants pour la plage ou la montagne, est rejointe par son mari pendant ses vacances à lui, et souvent reste derrière avec les enfants après que le mari est retourné au travail. A la rigueur, des séparations forcées, inévitables (causées par le travail, des problèmes de famille, etc.) ; mais des séparations de plein gré ? On se méfie, le couple marche-t-il vraiment bien ?

Il faut bien comprendre ici que l'entente est un présupposé à la formation du couple, une prémisse culturelle. Ce qui veut dire que s'il y a conflit dans mon couple, je (américain(e)) vais moi-même penser qu'il y a quelque chose qui ne va pas, que je vais faire mon possible pour comprendre d'où vient ce désaccord, et comment le faire disparaître. Que je m'efforce de faire cela n'est pas preuve d'hypocrisie mais au contraire de mes bonnes intentions. En effet, je juge mon propre couple (marche/ne marche pas) comme les autres le feraient, en utilisant les mêmes indices. Ce qui veut dire qu'il peut n'y avoir aucune différence entre le comportement privé et public de mon couple, l'un prolonge l'autre. Par conséquent, il n'est pas rare que les enfants d'un couple qui divorce soient les premiers surpris par la nouvelle (« Je n'ai jamais vu mes parents se disputer », « Je les ai toujours vus d'accord », etc.). Dans un cas pareil, des Français auraient tendance à taxer le couple américain d'hypocrisie (« ont bien caché leur jeu »), ce qui serait, comme on le voit, une interprétation ethnocentrique.

De même, de nombreux Américains se sont étonnés en ma présence que « les couples français se querellent, se chamaillent tout le temps pour des riens », donnant à leur tour une interprétation ethnocentrique de rapports considérés non seulement comme acceptables mais peut-être bien comme souhaitables par des couples français.

Il est facile maintenant, je crois, d'imaginer la foule de malentendus qui peuvent naître de conceptions du couple si différentes dans leurs présuppositions. J'ai été témoin d'un nombre incalculable de malentendus de ce genre. J'ai assisté, complètement impuissante, aux déchirements qui ont peu à peu défait un couple franco-américain ami, jusqu'à un divorce non désiré mais nécessaire, accéléré par les interventions (et interprétations ethnocentriques) bien intentionnées mais catastrophiques des parents d'un des deux. Un jeune Américain me racontait combien il était choqué et peiné par la manière dont sa « copine » (française) lui parlait et le traitait.

J'ai moi-même donné à mon mari (anthropologue mais aussi américain) « des envies de disparaître sous la table » (dit-il) en engageant la discussion, à des dîners américains, sur des sujets pour moi purement intellectuels comme l'institution du mariage (sujet pourtant commun en anthropologie). J'ai fini par comprendre que si j'en disais du mal, cela risquait d'être interprété comme un commentaire sur mon propre mariage par mes interlocuteurs américains. Nos amis américains ont pris l'habitude de me considérer comme « différente » et ne s'en offusquent pas, mais si par hasard je m'oublie (il y a loin de l'analyse à la pratique), et me laisse aller devant des étrangers à faire des commentaires semblables, alors je m'arrange vite pour que mon accent français se fasse remarquer, ou encore j'explique mon travail sur les différences culturelles.

Une anecdote : dans un séminaire d'analyse culturelle, après ma présentation sur ces différences entre les couples français et américains, mes étudiants ont exprimé des doutes, ont dit qu'ils (américains) se trouvaient très semblables aux couples français, et que ce que j'avais dit était peut-être valable pour la génération de leurs parents, mais pas pour eux. J'ai proposé une sorte de psychodrame, ai demandé aux étudiants de former des couples et de jouer à être de vrais couples ensemble au restaurant (une situation qu'ils ont choisie comme vraisemblable). Les volontaires ont entamé la conversation (en anglais à ma demande), adoptant spontanément le discours et le style d'interaction appropriés au contexte (jeunes étudiants américains entre eux). Quelqu'un a parlé du dernier film, le ton est très vite devenu très naturel, la conversation se faisait de couple à couple. Puis, quelqu'un a dit qu'il n'aimait pas le film, ce qui a provoqué une réaction de sa partenaire : « Mais, j'ai toujours cru que tu aimais ce genre de film. » Et là, à la surprise de tous (y compris des acteurs), la conversation s'est détournée du groupe pour se limiter au couple qui maintenant se faisait face (« Je dis ça pour te faire plaisir, parce que tu détestes... »). Ce désaccord, cette rupture de la conversation générale a vite forcé les autres couples à intervenir *(« Hey, you guys »)*. Après un moment de silence abasourdi, chacun a fait un commentaire sur le fait que la menace de dispute lui avait semblé réelle, et que cela l'avait fait se crisper involontairement. Une remarque : cette petite expérience montre aussi que si les couples américains évitent de se contredire en public, c'est parce que le conflit met les spectacteurs mal à l'aise, leur impose d'assister à quelque chose de « mauvais goût » et les force à intervenir – c'est-à-dire à se faire violence et à faire fi du tabou contre tout *meddling* (se mêler des affaires des autres).

Quand on pense à tous « les drames » qui éclatent continuellement dans certains couples français (« X a encore fait sa crise avant-hier... Le grand drame, comme d'habitude... Mais aujourd'hui, ça y est, ça va... »), on imagine aisément la distance qui sépare, dans ce contexte, Français et Américains. Je ne suggère cependant pas que les couples hétéroculturels heureux n'existent pas, ou encore sont impossibles. Mais je crois qu'il est très important de découvrir comment la différence de nos prémisses culturelles peut faire naître des malentendus que nous attribuons, à tort, à des différences de personnalités. A une époque comme la nôtre où le couple interculturel tend à devenir courant, l'intelligence de ces rapports prend une certaine urgence.

Je voudrais donc maintenant passer en revue quelques prémisses culturelles qui se dégagent de l'analyse qui précède.

Côté français :

1. Ce qui crée la stabilité du couple, c'est la possibilité (la liberté) d'être moi-même, c'est d'être accepté (idéalement voulu) comme je suis, avec mes défauts aussi bien que mes qualités (« J'y peux rien, j'suis comme ça »). En prenant mon (ma) partenaire comme cible de mes plaisanteries, par exemple, je montre la solidité et le caractère spécial des liens qui nous unissent.

2. Les liens affectifs et le comportement sont indépendants l'un de l'autre ; l'un n'est pas forcément le reflet de l'autre. Ainsi, on admet sans broncher qu'un couple passe son temps à se disputer, mais que « ça ne les empêche pas de s'aimer ».

3. Les liens affectifs ne sont pas forcément équivalent d'harmonie. Au contraire, « de la haine à l'amour il n'y a qu'un pas », quant à l'ennemi, c'est l'indifférence. L'harmonie peut dangereusement ressembler à l'indifférence, à l'ennui, à la lassitude, c'est-à-dire la mort de l'amour, la routine, le train-train, la fadeur, la petite vie tranquille, bref tout le contraire de la passion à laquelle on associe une vie mouvementée peut-être, mais au moins intéressante (« Avec lui/elle, au moins on ne s'ennuie pas »).

4. Bien qu'ils oscillent entre les deux extrêmes, où ils reproduisent des rapports d'inégalité (où l'un paterne ou materne l'autre), les rapports du couple sont considérés comme des rapports d'égalité, ou plutôt d'équilibre dans la complémentarité.

5. Dans la mesure où je ne peux jamais avoir des rapports

d'égalité (bien qu'ils puissent être amicaux) avec mes parents, ou mes enfants, les seuls rapports d'égalité sont ceux que j'ai avec mes frères et sœurs (si la différence d'âge n'est pas trop grande), ou avec mes amis. Or, les rapports de la première catégorie sont frappés de tabous sexuels (inceste) ; tandis que la deuxième catégorie (mes amis) représente tantôt une sorte d'homophilie approuvée (dans le cas d'amis du même sexe), tantôt un refus de sexualité (dans le cas d'amis de sexe différent). Dans ce contexte, les termes « amis » et « amants » sont mutuellement exclusifs (voir essai sur l'amitié). Les rapports du couple reproduisent donc, idéalement, les rapports de la première catégorie (frère/sœur) et ceux de la deuxième (amis), auxquels est ajouté un élément distinctif, qui caractérise le couple et le différencie de ces deux catégories : la sexualité permise et socialement approuvée. On ne s'attend pas à ce que des frères et sœurs, ou des amis, ne se chamaillent jamais (ce qui ne remet pas en question le rapport d'affectivité). Au contraire, montrer qu'on peut se le permettre, c'est affirmer la force de ces liens affectifs. Il en est de même pour le couple (français).

Côté américain :
1. Ce qui crée la stabilité du couple, c'est que ma (mon) partenaire m'encourage à être tel(le) que je voudrais être. Comme je voudrais être « parfait(e) », ce qui m'aidera à y parvenir, ce sera le soutien, la sympathie (dans son sens fort), la compréhension, l'harmonie. Critiques, reproches, désaccord, contradictions seront donc, par définition, destructeurs.
2. Les liens affectifs et le comportement sont le reflet l'un de l'autre. L'espace que je mets entre ma (mon) partenaire et moi, littéralement et par mon discours, est symptôme de désunion.
3. Les liens affectifs sont équivalent d'harmonie. Tout conflit menace cette harmonie. La passion peut dangereusement

ressembler à tous les autres destructeurs d'harmonie (alcool, drogue, jeu, travail excessif – *workaholic* –, etc.).

4. Aimer, c'est avoir confiance, et pouvoir prédire et satisfaire tous les besoins de l'autre. Les surprises seraient plutôt à redouter.

5. Dans la mesure où chacun a besoin de l'autre pour la satisfaction de ses désirs (encouragement, sympathie, soutien...), les rapports de couple ne peuvent être que des rapports d'interdépendance, ou de dépendance alternée.

6. Dans la mesure où les seuls rapports de dépendance que j'aie connus (et acceptés) sont mes rapports avec mes parents (voir essai sur ces rapports), qui sont frappés de tabou sexuel, mes rapports de couple vont, idéalement, reproduire ces rapports, auxquels est ajouté un élément distinctif, qui caractérise le couple et le différencie de ces rapports : la sexualité permise et socialement approuvée. Je ne m'attends pas à ce que le parent idéal me critique, me corrige, et m'humilie, mais plutôt qu'elle (il) m'encourage à me surpasser et me soutienne dans mes efforts. Il en est de même dans mon couple (américain).

L'amitié

Quand j'étais à Nukuoro (l'atoll du Pacifique où je faisais des recherches ethnographiques), un petit incident m'a beaucoup surprise et marquée.

Deux ou trois mois après notre arrivée, presque tous les habitants du village (et donc de l'île) étaient allés pique-niquer ensemble sur un autre îlot de l'atoll, de l'autre côté du lagon. Après quelques hésitations, j'avais décidé de ne pas me joindre à eux, craignant qu'une journée entière de pique-nique tropical et deux traversées du lagon en embarcation incroyablement étroite (selon moi) ne soient pas exactement l'idéal pour un bébé de six mois (ma fille). Tôt le matin (avant la grosse chaleur), les élégants voiliers nukuoro avaient emporté gens et nourriture de l'autre côté du lagon. Je savourais le silence et le calme du village désert, devenu insolite. Dans un état second, je me reposais enfin de la langue du pays, qui m'avait entourée sans répit nuit et jour depuis notre arrivée. Je me rappelle très bien cette sensation, cette impression de flotter dans un espace neutre, comme vidé de langues, de cultures et de géographie.

Une voix forte a brisé le silence. Une grande femme sèche et un peu brusque, ma voisine, venait m'apporter un cadeau de noix de coco et de taro. Je l'ai invitée, comme il se doit. Elle m'a alors annoncé qu'elle était venue me tenir compagnie dès qu'elle s'était rendu compte que j'étais restée au village, pour que je ne « reste pas seule ». Je l'ai remerciée, nous avons bavardé, et, dès que la décence sociale me l'a permis, je lui ai dit que j'appréciais beaucoup sa visite, mais que j'étais fatiguée et devais me reposer. J'avais oublié qu'elle était spécialiste réputée de médecine indigène. Elle m'a offert ses soins. Rougissant secrètement de mon entêtement, j'ai encore essayé de retrouver poliment une solitude rarement possible. En vain. Elle a absolument refusé de « m'abandonner », m'a déclaré qu'à partir de ce moment, nous étions « amies », que les amis se faisaient des cadeaux, et qu'elle m'avait apporté le panier de nourriture pour sceller notre « amitié ».

Je n'ai pas tardé à faire mon apprentissage de l'amitié. Elle m'a en effet très vite annoncé, en gros, « maintenant que nous sommes amies, je vais vraiment t'apprendre à parler nukuoro correctement, parce que tu parles bien, mais comme un enfant. Tu fais beaucoup de fautes. Je sais que tout le monde dit que tu parles très bien, mais maintenant je vais te corriger tout le temps pour que tu parles vraiment comme nous ». Ayant été la première « Blanche » et la première « étrangère » à avoir jamais appris la langue, j'étais très vite devenue une curiosité locale, et une grande source de fierté pour les Nukuoro auxquels les Micronésiens des autres îles disaient leur langue impossible à apprendre. J'étais donc d'autant plus secouée dans ma complaisance. Elle a tenu sa promesse, et nous sommes devenues, par la suite, des « amies » dans un sens plus proche du mien.

Je n'ai jamais oublié cette scène, je la revois encore dans tous ses détails. J'ai toujours considéré ce moment comme très significatif, mais pour des raisons qui ne m'étaient pas très claires, ou encore changeaient de sens. Je pense maintenant que son importance vient du choc culturel profond que j'ai dû ressentir à ce moment-là, obscurci par d'autres sentiments (sorte de culpabilité de non-participation au pique-nique général, jouissance d'une solitude inespérée, gêne de la voir interrompue, gêne de cette gêne, etc.). Ce qui me paraît particulièrement important, c'est le choc que cet incident avait fait subir à ma conception de l'amitié. Cette femme s'était déclarée mon amie, de but en blanc, sans même me consulter, et de façon que je devinais irrévocable. Elle avait l'air, de plus, de m'accorder une faveur insigne. Chez moi, madame, on ne se déclare pas, unilatéralement, l'ami de quelqu'un. On le devient, et d'un commun accord (même s'il est tacite).

Je n'ai raconté cette histoire que pour montrer en quoi elle éclairait ma culture, puisqu'elle provoquait une rupture à un niveau profond, rupture qui ne s'est en rien manifestée, je crois, au niveau de ma conduite et de ma réaction à la situation. J'ai fait ce qu'il convenait de faire, mais je ne « comprenais » pas, dans le sens fort de ce mot.

En effet, en français, on « est » frère ou sœur ou parent, on « tombe » amoureux, mais on « devient » ami. Ce qui veut dire qu'on accepte les liens de parenté et l'affection qui, en principe, les accompagne ; qu'on aime d'amour par accident, en quelque sorte en dépit de soi ; mais qu'on entre volontairement, par choix, dans une relation d'amitié. Bien sûr, on rencontre ses amis par accident, tout comme les personnes dont on tombe amoureux, par opposition aux sœurs et frères qui sont simplement là par définition, une partie de la famille que l'on peut rejeter, mais avec qui on a des liens qu'on ne peut annuler ni rendre totalement inexistants par un simple acte de volonté. Les amis, nous l'avons assez entendu, ce sont des frères ou sœurs que l'on choisit, ce qui veut dire que l'amitié est choisie, la parenté subie (avec joie souvent, heureusement, mais subie quand même).

Une autre relation qui nous est, mais d'une autre façon, « imposée de l'extérieur », c'est celle d'amants ou d'amoureux.

On ne résiste pas à quelque chose de plus fort que soi, fondé sur l'attrait sexuel. On peut choisir d'épouser la personne que l'on aime (bien que le « choix » ne soit pas toujours évident), mais on ne choisit pas ceux que l'on aime « d'amour » : la littérature n'a pas encore épuisé ce sujet.

L'amitié serait donc la seule relation forte qui soit librement choisie et consentie, qui ne repose ni sur la parenté ni sur l'attrait sexuel. L'affection qu'on a pour ses amis est semblable à celle que l'on a pour ses frères, mais la relation est dépouillée de toute concurrence (pour l'affection des parents et des autres membres de la famille), et donc de toute jalousie et de toute ambiguïté. Mais, comme l'amour, l'amitié comporte un élément de hasard : on est attiré par une personne rencontrée au hasard de l'école, de l'habitation, d'une soirée, etc. Les liens ensuite se resserrent jusqu'à l'amitié. Mais on ne se déclare pas « amis » comme la femme l'avait fait à Nukuoro. C'est (en français) une relation de fait et non d'intention (on n'entre pas en amitié comme on devient membre d'une société secrète). A l'encontre de l'amour cependant, l'amitié est caractérisée par la stabilité, la sécurité. Il n'y a pas, dans l'amitié, de jeu de séduction dans son sens le plus large : un ami est un ami dans la mesure où il m'accepte tel que je suis ; je ne suis pas un fantasme pour un ami, comme je pourrais l'être pour un(e) amant(e) ; en principe, nos rapports sont nets, sans aire d'ombre et sans complication. Ce qui explique que l'on puisse sans se troubler entendre dire : « Nous avons divorcé mais nous sommes restés très bons amis », ou encore : « Depuis leur divorce, ce sont les meilleurs amis du monde », et autres variantes.

Est-ce à dire que l'amitié est un « résidu de l'amour » (expression que j'ai toujours détestée mais souvent entendue) ? Si l'on ne considérait que le cas de divorce cité ci-dessus, cela semblerait être vrai. Cependant, il serait sans doute plus fructueux de considérer une autre possibilité dans le cas du couple qui divorce (ou se sépare) mais qui reste (ou devient) « très amis » : le seul élément perturbateur dans la relation entre cet homme et cette femme (pour ne considérer que le couple hétérosexuel), c'était l'amour sexuel. Il y avait eu, pour ainsi dire, erreur d'orientation dans la relation. Une fois cet élément perturbateur disparu, la relation devient ce qu'elle aurait sans doute dû être depuis le début : une relation solide fondée sur la compréhension l'un de l'autre, l'entente, les goûts communs, l'affection et surtout la tolérance – l'amitié. Le contexte hétérosexuel est d'ailleurs le seul où l'on puisse se « déclarer amis » dans le seul but, me semble-t-il, d'écarter toute suggestion de définition sexuelle de la relation. Ainsi s'explique le « restons amis » des ruptures amoureuses, mais aussi la façon dont je vais présenter une personne à d'autres gens que je connais. Si moi, femme, je présente un homme en disant : « C'est mon ami », en utilisant le possessif, je définis la relation comme sexuelle. Si je veux éviter ces connotations, je dois dire : « C'est un de mes amis », « C'est un ami très cher », « un ami de très longue date », « un ami d'enfance », « un ami de la famille », etc. Il en est de même dans la situation inverse.

Si je ne déclare pas de but en blanc à quelqu'un : « Soyons amis », il n'en demeure pas moins qu'un pacte tacite est scellé entre mon ami et moi. Un pacte, même tacite, suppose toutes sortes de relations contractuelles, c'est-à-dire des obligations aussi bien que des interdits. Bien sûr, c'est dans ce domaine que l'étranger va se buter à maint malentendu. A Nukuoro, il m'était facile de répondre à la déclaration de la femme, « Nous sommes amies », en demandant ce que je devais faire pour mériter cette amitié. Le don de nourriture et le fait qu'elle était venue « pour ne pas me laisser seule » laissaient déjà entrevoir obligations et manifestations. Ce qui était aussi évident, c'est que je n'avais aucune possibilité de refuser cette amitié sans conséquences graves. Cette femme, dans son intelligence des problèmes interculturels, m'avait facilité la tâche. Mon éloignement, ma différence incontestable (physique aussi bien que linguistique et culturelle) avaient facilité le rapprochement. Elle s'est sans doute dit que jamais je ne devinerais toute seule, et qu'il valait mieux m'expliquer tout de suite.

Malheureusement, ce n'est pas ce qui se passe dans la majorité des cas. J'ai souvent entendu des Français déclarer que les Américains « n'avaient aucun sens de l'amitié », « ne savaient pas ce que c'était que l'amitié », ou encore « n'avaient que des relations très superficielles ». Une expérience personnelle pourra servir ici d'illustration. Une de mes amies, française et qui vivait aux États-Unis depuis deux ans, mais hors de France depuis longtemps, est arrivée un jour chez moi pour déverser un trop-plein de rancune, pas contre moi mais contre ses « amis-voisins ». Je ne l'avais pas vue depuis quelques jours, comme c'est fréquent dans les grandes villes, et l'avais appelée pour avoir de ses nouvelles. J'appris au téléphone qu'elle avait été « très fatiguée », que les gosses l'épuisaient, et qu'elle était « crevée » depuis deux jours. Je proposai aussitôt de garder ses enfants pour qu'elle puisse se reposer, ce qu'elle accepta tout de suite. Quinze ou vingt minutes après elle était chez moi, pour déposer les enfants et retourner se reposer tout l'après-midi. Mais au lieu de repartir tout de suite pour profiter au maximum du temps libre dont elle disposait ainsi, elle est restée près de deux heures chez moi. Sans m'en rendre compte j'avais, par mon offre qui me semblait des plus naturelles, provoqué un déclic. Elle s'est amèrement plainte, chez moi, du fait que sa voisine, qu'elle considérait comme une bonne copine, une Américaine, ne lui avait justement pas fait la même offre : « Tu crois qu'elle m'a dit je vais te prendre les enfants pour que tu te reposes ? Tu crois qu'elle a apporté un plat quelconque pour m'éviter de faire la cuisine ? Non, rien. Elle me demande seulement comment je vais, tous les jours... quelle hypocrite... » Suit un déluge de reproches sur ce ton. Puis, nostalgie de la France, où on sait ce que c'est que l'amitié. Sourire reconnaissant : « Heureusement qu'il y a toi, parce que toi, tu sais ce que c'est que l'amitié, tu vois, tu m'as proposé tout de suite de me prendre les gosses... Tandis que les Américains, eux, ils vous laisseraient crever... »

Un ami, dit-on, c'est quelqu'un à qui on peut se confier, à qui on peut « tout demander », à qui on peut faire appel, en cas de besoin. Pourquoi mon amie n'avait-elle pas demandé à son amie-voisine de « lui prendre les enfants » ? En fait, me l'avait-elle demandé ? Non, j'avais proposé, elle avait accepté. Cela m'avait paru naturel, à elle aussi.

Il y a, en fait, un écart entre ce que l'on dit pouvoir faire (demander quelque chose à un ami) et ce à quoi on s'attend, qui est que l'ami propose « spontanément » de faire ce qu'on aurait à lui demander de faire. Mais comme l'ami doit être mis au courant, on commence par raconter qu'on a un « ennui », on expose la situation qui fait problème. L'ami, si c'est un « vrai ami », devrait alors intervenir, prendre en quelque sorte la situation en main, proposer une solution, c'est-à-dire son aide. Ce qui appelle la réponse : « Oh, non, je ne veux pas t'embêter », ou encore : « Ça ne t'ennuierait pas trop ? » et autres phrases qui expriment le souci que je me fais du bien-être de mon ami. Et c'est alors à l'ami d'insister : « Mais non, ça ne m'ennuie pas du tout, à quoi servent les amis alors, si on ne peut pas compter sur eux pour une petite affaire de rien du tout... » Et le demandeur, qui n'a rien eu à demander, peut alors céder : « Si tu insistes si gentiment... »

Bien sûr, cet échange n'est qu'un modèle, et peut être fait

de plusieurs façons différentes, mais c'est bien là, en gros, ce à quoi on s'attend de la part d'un ami. Cela explique pourquoi on ne s'étonne pas de voir un ami prendre d'autorité la situation en main, et annoncer d'un ton péremptoire : « Pas d'histoires, je passe te prendre ce soir à 8 heures, et nous allons au cinéma. Tu es crevé, tu as besoin de te détendre, je ne vais pas rester là à ne rien faire, alors que tu te tues de travail sous mes yeux... », ou encore : « N'insistez pas, nous vous emmenons avec nous à la campagne ce week-end, cela vous fera le plus grand bien, et je n'accepterai pas que vous refusiez. »

Face à une telle prise en main, un(e) Américain(e) se recroquevillerait. En effet, cela représenterait une invasion insoutenable de sa vie privée, et, pire, une suggestion qu'il(elle) est incapable de mener sa barque, de se débrouiller tout(e) seul(e). On comprend pourquoi l'amie-voisine américaine de mon amie française se serait bien gardée de lui « apporter un plat quelconque pour lui éviter de faire la cuisine », ou de lui proposer de « lui prendre les enfants ». Cela en effet aurait signifié que la voisine avait remarqué que mon amie était incapable de prendre soin de ses enfants et que les enfants en souffraient ou se conduisaient comme des « enfants aban-donnés à eux-mêmes ». Proposer d'intervenir serait alors pro-noncer un jugement moral, une condamnation de mon amie qui, loin d'apprécier le geste, l'aurait reçu comme une gifle si elle avait été américaine.

Cette interprétation a été confirmée, d'abord à son insu, par une collègue américaine. Nous étions en pleine période de surtravail et surmenage, fin de semestre universitaire par-ticulièrement chargé, et nous nous consolions par de mutuelles plaintes et plaisanteries. A propos de travail, j'ai été amenée à mentionner le nom d'une collègue commune (américaine) dont les recherches m'intéressaient. A ce nom, le visage de ma collègue s'est éclairé d'un sourire complice qu'a expliqué la confidence suivante : « Et bien tu vois, L., je l'aime beaucoup, et nous sommes de bonnes amies, mais elle a un défaut qui me rend folle. Hier, par exemple, j'allais à une réunion et je l'ai rencontrée... Elle m'a proposé de prendre Jackie chez elle quand je voudrais, pour que je puisse souffler un peu... Comme si j'étais incapable de m'occuper de ma fille et de mon boulot en même temps, ça m'énerve... » Je n'ai pu résister et lui ai raconté le malentendu culturel entre mon amie et sa voisine (cité ci-dessus), elle a ri et a confirmé mon interprétation. Oui, elle se sentait envahie et insultée par l'offre de cette femme qu'elle aimait bien, offre qu'elle s'est d'ailleurs dépêchée de refuser. Réfléchissant à ce cas plus tard, je me demandais comment il était possible pour une Américaine de commettre un impair de cette taille. Renseignements pris, j'ai découvert, à mon grand soulagement, que la femme en question venait en fait d'une famille biculturelle (l'autre culture n'étant pas anglo-saxonne).

L'amitié est considérée comme une relation privilégiée entre toutes par les Américains comme par les Français. Or, ce terrain d'entente idéale devient littéralement miné dans la relation interculturelle, parce que c'est dans ce que je considère de plus profondément « naturel » que je peux blesser sans le savoir. En effet, comment pourrais-je imaginer que ce qu'il y a de « meilleur » en moi, ce « mouvement généreux » vers l'autre, puisse être pris comme un acte quasi hostile de ma part ?

Ce qui est particulièrement troublant ici, c'est que, du point de vue purement descriptif, les conceptions américaine et française de l'amitié semblent identiques. Au premier abord, il pourrait sembler que le français dispose de plus de nuances pour dénoter la nature exacte de la relation, parce que le mot *friend* est utilisé de façon beaucoup plus lâche en américain que le mot *ami* en français. Parce qu'un Américain dira *a friend* en parlant de quelqu'un qu'il connaît à peine, il est tentant pour un Français de conclure à sa promiscuité. C'est cependant seulement un raccourci verbal pour l'Américain, qui ne sera pas en peine d'expliquer les différences entre *friend*, et tous les autres termes (dont *acquaintance, vague acquaintance, buddy, pal, chum, roommate, housemate, classmate, schoolmate, teammate, playmate, companion, co-worker, colleague, childhood friend, new friend, old friend, very old friend, family friend, close friend, very close friend, best friend, girlfriend, boyfriend*, etc.).

Au-delà de cette fausse différence de surface, la conception de l'amitié, telle qu'elle est définie des deux côtés de l'Atlantique, recouvre des catégories étrangement semblables, sinon identiques. Un ami est quelqu'un que j'aime comme un frère ou une sœur, en qui j'ai confiance, dont j'aime la compagnie, sur qui je peux compter, qui me comprend, avec qui je peux être moi-même et laisser tomber le masque, qui ne me juge pas, qui n'essaie pas de me changer, qui me connaît et m'accepte comme je suis, à qui je peux me confier en toute sécurité, et pour qui je suis tout ce qui précède. Mais, comme le montre le cas cité plus haut, ce n'est pas la catégorie qui va révéler la source du malentendu interculturel, mais ce sont plutôt les présuppositions qui entrent dans cette catégorie et qui peuvent, elles, être très différentes. Ainsi, dans le cas de mon amie et sa voisine-amie, la catégorie « les amis s'entraident » est valable tout aussi bien pour des Américains que pour des Français. Le malendendu est né cependant de la différence, selon mon interprétation, de présuppositions, qui seraient, en gros, les suivantes : « X est mon ami, donc il va proposer de m'aider » (côté français) ; « X est mon ami, il va donc me demander de l'aider s'il a besoin de moi » (côté américain).

Si je veux comprendre les difficultés interculturelles possibles dans ce domaine, il me faut donc remettre en question non pas les catégories, mais ce qu'elles recouvrent de non-dit, de « vérités » implicites.

Il serait trop long de citer les nombreux cas qui m'ont mis la puce à l'oreille, ou les interviews qui m'ont permis d'arriver à mon interprétation. Je ne donnerai ici que les résultats de cette analyse, c'est-à-dire mon interprétation. Mon but est en effet, je le rappelle, non pas de prouver que j'ai raison, mais de suggérer une autre façon de voir les choses, de montrer un autre chemin possible, dont l'intérêt majeur serait de diminuer les heurts interculturels (le plaisir intellectuel vient « en plus »). Je vais simplement passer en revue les plus courantes de ces catégories, celles qui reviennent sans cesse dans la bouche des informants, dans les articles de journaux ou magazines sur le sujet, dans le langage. Bien entendu, c'est sur les différences que je vais mettre l'accent parce que les ressemblances, qui ne sont pas sources de difficultés, n'entrent pas dans mon propos.

Un ami est quelqu'un qui me comprend, « mieux que personne au monde ». Américains et Français sont d'accord. Mais que recouvre le mot « comprend » ?

John et moi sommes amis, nous sommes tous deux américains. Nous nous comprenons, ce qui veut dire que nous sommes d'accord l'un avec l'autre, ou, en tout cas, que nous nous soutenons. John ne doit pas prendre le parti de mon adversaire, mais doit, au contraire, abonder dans mon sens, puisqu'il est supposé être un autre moi-même. Il me comprend parce qu'il peut se mettre à ma place. Et vice versa.

S'il me confie qu'il a fait une bêtise, qu'il a agi de façon très stupide, mon rôle n'est pas de lui dire : « En effet, tu as mis le paquet », mais de lui remonter le moral en lui trouvant des circonstances atténuantes, en lui rappelant toutes ses qualités et en l'aidant à retrouver confiance en lui (« *Give him support and sympathy* », « *Boost his sagging ego* », « *Cheer him up* »).

Justine et Séraphine, françaises, sont amies. Quand Séraphine a fait une bêtise et ne sait comment la rattraper, elle se tourne vers Justine qui reconnaît : « En effet tu n'y es pas allée de main morte », puis aide Séraphine à y voir clair et à trouver moyen de réparer. Si Séraphine est récidiviste, il se peut qu'elle commence son récit par : « Tu vas encore être furieuse contre moi... », ou encore que, le problème immédiat étant enfin réglé, Séraphine sur le point de s'en aller dise à Justine : « Merci, je me sens beaucoup mieux. Je savais qu'il était temps que je vienne me faire secouer les puces. » Ce qui veut dire que mon ami me comprend parce qu'il est un autre moi-même, mais dans le sens de moitié demeurée raisonnable de moi-même. Mon ami est là pour me dire à haute voix ce que je me dis confusément, qui « me secoue les puces » par affection, sans pour cela me juger.

Si maintenant John et Justine se lient d'amitié hétéroculturelle, il est possible que John aille vers Justine en quête de *support,* et se fasse « secouer les puces » (il se sentira trahi) ; que Justine aille vers John pour qu'il l'aide à « y voir clair » et soit complètement désemparée qu'il ait au contraire abondé dans son sens. Une informante française résumait ainsi la difficulté qu'elle avait eue à parler de ses problèmes maritaux à des amies américaines : « dès que je me plaignais de mon mari, elles se mettaient à dire du mal de Hugh, et je me retrouvais à le défendre, c'était ridicule. »

Comme on le voit, des deux côtés nous sommes d'accord sur un fait : un ami est une des rares personnes à me comprendre. Mais ce que mon ami fera pour me montrer combien il me « comprend » sera profondément différent selon qu'il est français ou américain.

Une raison pour laquelle j'ai des amis est que leur présence est une source de plaisir, que je sois français ou américain. Pour des Français, cela se traduit par de fréquentes sorties ensemble, restaurants, cinéma, pique-niques, et autres activités qui varient selon l'âge. Il est donc possible que Zoé invite plusieurs fois de suite son amie Géraldine (et son partenaire ou mari le cas échéant) à des dîners chez elle, sans que cela ne gêne Géraldine qui, elle, reçoit rarement. La règle de réciprocité entre amis va cependant être respectée : Géraldine s'arrangera pour faire des petits cadeaux « pour rien », sans occasion spéciale, et pour rendre service, payer à Zoé le cinéma ou le théâtre, lui garder les enfants, ou faire quelque chose d'équivalent. Parfois, la présence même de Géraldine à un dîner de Zoé est un service rendu à Zoé : le dîner est ce qu'on est convenu d'appeler « une fonction », et Zoé a demandé à Géraldine de « ne pas la laisser seule ».

Il me semble que dans un contexte parallèle, semblable, des Américains préféreraient des échanges de même nature. On dîne l'un chez l'autre à tour de rôle, sans que l'alternance doive être respectée de façon rigide. Des cadeaux répondent à des cadeaux, et ainsi de suite. Cela élimine la possibilité que l'un ou l'autre se sente exploité, ce qui minerait l'amitié. D'ailleurs, revendiquer « son tour » est un moyen de renforcer l'amitié. Dans les cas où l'échange est pratiquement impossible (une expédition en canoë par exemple), le partage des responsabilités est clair et fait à l'avance, là encore pour éviter toute pression dangereuse sur les liens d'amitié (ce qui ne veut pas dire qu'il n'y ait pas d'Américains qui agissent tout autrement et gardent à jamais leurs amis).

La différence vient peut-être du fait que pour les Français, les liens d'amitié une fois établis (et l'on sait que ce n'est pas si facile, nous avons tous lu *le Petit Prince,* n'est-ce pas ?), ils sont assez solides pour résister à toutes sortes d'intempéries. Mes amis connaissent mon sale caractère, mes petites manies, mes sautes d'humeur, mon habitude de mettre les pieds dans le plat, mon manque de tact, que sais-je. S'ils sont mes amis, c'est parce qu'ils savent tout cela sur moi, mais qu'ils trouvent autre chose en moi qui compense, fasse supporter mes défauts, ou encore qu'ils se retrouvent en moi. Les menaces à l'amitié sont autres, je reviendrai là-dessus.

Pour les Américains, cependant, l'amitié la plus solide semble contenir en elle un élément constant de fragilité. Une multitude de dangers la menace : la séparation, la distance, le silence (absence de communications régulières, lettres, coups de téléphone, visites), mais aussi tout ce que l'on pourrait résumer par le mot « trop », c'est-à-dire tout ce qui menace l'équilibre de la relation, qui repose sur l'égalité et l'échange, l'alternance. Ainsi, selon une informante américaine, une relation de dépendance qui deviendrait trop forte signalerait la fin de l'amitié. Un Américain m'expliquait ainsi le problème posé par le déséquilibre : « Timothy et moi sommes en train de devenir de bons amis, je peux lui parler librement, et lui de même. Mais je m'inquiète parce qu'il a l'air de me considérer comme son meilleur ami. Je l'aime beaucoup mais il ne sera probablement jamais mon meilleur ami parce que, franchement, il est un peu ennuyeux. Mais s'il me traite comme son meilleur ami, je suis obligé de " faire comme si " pour ne pas lui faire de la peine, et il deviendra pour moi un poids, une obligation, une responsabilité, ce que je ne veux absolument pas. »

Cette insistance sur l'égalité et la mutualité, qui diffèrent de la réciprocité, ne me paraît pas un trait important de l'amitié française, qui semble très bien s'accommoder de la complémentarité, d'une sorte de répartition des rôles.

Ainsi, américain(e), je m'attends à ce que mon ami(e) « laisse tout tomber » pour venir à mon secours quand j'en ai besoin. Mais là encore, je dois faire attention à ne pas dépasser le « trop », la limite. J'ai donc le réconfort de savoir que mon ami(e) « fera tout pour moi », mais je dois avoir le bon sens de ne pas tester cette conviction au-delà du possible, de ne pas « exagérer », par crainte de détruire l'équilibre qui sauvegarde notre amitié. Cela ne serait pas le cas en France, où je peux partager avec mes amis « crise » après « crise » sans plus de remords qu'une phrase du genre : « Je t'embête, hein, avec mes histoires. » C'est d'ailleurs ce rôle des amis qui a longtemps donné au recours à la psychanalyse une image négative en France (une « triste nécessité » pour « ceux qui n'ont pas d'amis », « ceux qui ont besoin de payer quelqu'un pour les écouter », etc.). C'est aussi dans cette perspective que l'on peut comprendre le succès de la psychanalyse aux États-Unis : le refus d'accabler *(overburden)* les amis par un partage inéquitable, disproportionné de problèmes.

Une caractéristique importante de l'amitié, des deux côtés, est le partage de confidences. Je peux dire à mon ami ce que je ne peux pas dire à mes parents, à mon amant(e), à mes enfants, pour ne citer que les plus proches. Je peux dire à mon ami(e) des secrets sur mes parents, mon amant(e), mes enfants. Nous pouvons parler « à cœur ouvert ». D'après mes enquêtes, de nombreux Français et Américains font justement cela, ou du moins ont l'impression de le faire.

Du côté américain, c'est même une sorte d'obligation, une preuve nécessaire de l'amitié, peut-être la plus importante parmi les jeunes. Le « partage » *(sharing)* de ces révélations sur soi *(self),* ses affaires de cœur, sa vie sexuelle, prennent même un caractère quasi rituel parmi les jeunes. Si je ne « partage » pas, mes amis vont me soupçonner de ne pas « donner » *(giving),* ce qui finirait pas détruire notre amitié. C'est aussi aux amis que l'on dit ses « secrets » *(« He tells me things he tells nobody else », « She tells me things that no one else knows about »).* Je me considérerai donc comme

le (la) dépositaire exclusif(ve) de secrets de mes amis, tacitement voué(e) à une discrétion totale. Cela a des implications
intéressantes. La première est que j'ai assez de secrets pour
en partager un avec chacun de mes amis (si j'ai peu de secrets,
cela voudra-t-il dire que j'aurais peu d'amis ?). La seconde
implication est que je me sentirai trahi(e) si j'apprends que
je ne suis pas dépositaire exclusif de tel ou tel secret, d'où
un sentiment de jalousie possessive qui logiquement n'avait
aucune place dans l'amitié. La troisième implication est qu'une
façon de m'assurer de ma discrétion totale sera de garder mes
amis séparés l'un de l'autre, de ne pas les faire se rencontrer,
ou même, à la limite, d'éviter qu'ils deviennent amis entre
eux. Cela laisserait supposer que les amitiés américaines sont
en général de nature dyadique. En fait, elles le sont, d'une
façon qui mérite qu'on s'y arrête.

Dans mes observations d'enfants américains, quelques-unes
de leurs phrases m'ont frappée (en tant qu'étrangère) et ont
retenu mon attention. Comme on le sait (voir le chapitre
« Parents-enfants »), les parents américains encouragent très
tôt leurs enfants à « se faire des amis ». Très vite, si l'on en
juge par l'âge des enfants (4-5 ans), ces enfants apprennent
deux phrases, qu'ils répètent très souvent : « *Jill (/John) is
my best friend* » (Jill (/John) est ma meilleure amie) ; et :
« *You are not my friend any more* » ou encore : « *I am not
your friend any more* » (« Tu n'es plus mon ami(e) », « Je ne
suis plus ton ami(e) »). La deuxième phrase revient dès qu'un
des deux enfants se voit contrarié par l'autre, ou même pour
parer à une objection. Elle veut dire, essentiellement, « si tu
n'es pas d'accord avec moi tu ne peux être mon ami(e) ». Elle
revient aussi fréquemment quand un enfant se sent lésé parce
que son ami ne lui a pas permis de « prendre son tour » (et
inverser les rôles qui font l'objet du jeu, par exemple). L'enfant

dira, en s'en plaignant, « *S/he never lets me have a turn* ». Cela suggère qu'être ami, c'est avant tout ne pas se disputer, avec toutes les exigences que cela implique. Il en ressort que « ami », pour un Américain, est un titre qu'il devra constamment mériter, dont il doit constamment se montrer digne, qui exige donc vigilance et efforts.

Comme il est difficile d'être « toujours » d'accord avec plusieurs personnes en même temps, les enfants auront tendance à être « amis » par deux, même si les dyades ne restent pas les mêmes : aujourd'hui Bob joue avec Rob (camarade de classe), demain avec Zig (qu'il a rencontré aux leçons de natation), après-demain avec Mortimer (son voisin), etc. Il y a de fortes chances pour que Rob, Zig et Mortimer ne jouent jamais ensemble, ne se soient peut-être jamais rencontrés. Et Bob est fidèle à chacun d'eux à tour de rôle. Il n'est pas impossible que Bob joue seulement une heure aujourd'hui avec Zig parce que Mortimer va venir jouer avec lui après cela. Et il ne viendrait pas à l'idée de Zig de rester à l'arrivée de Mortimer, parce qu'il a vite appris qu'il risquerait fort de ne pas être inclus dans les jeux. J'ai souvent eu l'occasion de voir un enfant américain annoncer à sa mère qu'il allait chez le voisin pour jouer avec lui, pour le voir revenir dans de brefs délais, et dire, un peu boudeur, « Il y avait X chez lui et ils étaient en train de jouer ensemble » ou, si la situation est grave, « Ils ne m'ont pas laissé jouer avec eux » *(« They wouldn't let me play with them »)*. De Rob, de Zig et de Mortimer, Bob pourra dire : « C'est mon meilleur ami » sans pour cela y voir de contradiction.

Si ces distinctions s'affinent et se nuancent à l'âge adulte, elles n'en demeurent pas moins des structures de base. Américain(e), je construis mes amitiés selon deux plans qui s'entrecoupent. Le premier, horizontal, est, en quelque sorte en forme d'étoile de mer dont je serais le centre. Chaque branche constitue une de mes amitiés. Le deuxième, vertical, s'élèverait en forme de pyramide qui refléterait la hiérarchie de mes amitiés. A mes amitiés du haut de la pyramide, je réserverai tous mes soins, ma vigilance constante, mes plus grands efforts, mes plus petites attentions, le maximum de temps, bref le meilleur de moi-même. Il est clair qu'il ne peut y avoir, à ce niveau, que très peu d'élus (selon un dicton américain, « a de la chance celui qui peut compter ses amis sur les doigts d'une main »), et qu'un seul au sommet.

Cela ne veut pas dire que je n'apprécierai pas, à différents degrés, la compagnie de beaucoup de personnes avec lesquelles je m'entends très bien. La force de mes liens d'amitié avec ces personnes sera inversement proportionnelle à leur place dans ma pyramide. La base de cette pyramide, là où il y a le plus de monde, correspond donc à mes liens les plus ténus, ceux dont j'aime bien la compagnie de temps en temps, à dîner, par exemple, ou aux *parties.* Ce sont justement les échanges sociaux américains auxquels les Français ont le plus facilement accès, puisque, de passage ou étrangers à ce système complexe, ils feront eux-mêmes partie de cette base de pyramide où se fait un brassage continuel. Il n'est donc pas étonnant que ces mêmes Français jugent les Américains « superficiels », « incapables d'amitié véritable », etc., puisqu'ils n'auront probablement jamais l'occasion de voir l'amitié américaine (le sommet de la pyramide) en action. Ce qu'ils verront en abondance, par contre, c'est la « sociabilité » américaine, celle qui valorise la « popularité » de chacun, son aptitude à se « faire de nouveaux amis ». Ces rapports ne sont pas superficiels dans le sens français (« incapacité d'approfondir »), mais sont intentionnellement superficiels dans le sens américain : ils doivent rester de surface parce que c'est de là que vient la nature du plaisir, plaisir du moment sans attache ni obligation, plaisir de rencontres inattendues, plaisir de séduction, plaisir de conversation peu sérieuse *(small talk),* plaisir d'une « soirée agréable », quelle que soit la conception qu'on en ait (un dîner élégant, mais aussi une défonce à la drogue, l'alcool, le sexe, la danse, l'intellectua-lisme, etc.), un peu comme on explore en touriste un quartier ou un restaurant exotique.

La difficulté, pour un Français, vient souvent du fait qu'à cause du petit nombre d'invités présents, il croit assister à un dîner intime, alors qu'il assiste, en fait, à un « dîner de sociabilité ». L'Américain qui l'a invité n'a probablement pas arrangé les choses en annonçant qu'il n'y aurait que « quelques amis » (« *just a few friends* »).

Cette différence, qui va bien au-delà du linguistique, est d'autant plus troublante pour un Français que, par tradition, il ne reçoit pas « n'importe qui » à sa table. Je sais que les mœurs sont en train de changer, surtout à Paris où, dit-on avec reproche, on « s'américanise » ; il n'en reste pas moins qu'il est facile, ne serait-ce qu'en regardant la façon dont la table est mise, et le menu qu'elle annonce, de savoir à quelle sorte de dîner on assiste. (Il n'est pas nécessaire d'être français pour cela. Nombreux sont les Américains qui ont très vite pu apprendre à reconnaître les signes.) Si les indices ne sont pas suffisants, il n'y a plus qu'à ouvrir les oreilles et écouter, ou observer les échanges non verbaux entre invités (vêtements, tenue du corps, expressions du visage). En dix minutes, la différence sera faite entre un dîner d'amis et un dîner d'as-sociés (une fois par an, tous les ans, etc.). Or, ces signes ne sont pas immédiatement évidents à un dîner d'Américains, d'où la confusion.

Si un Français peut trouver, pour les raisons qui précèdent, les Américains superficiels dans leurs amitiés, et les accuser de promiscuité, un Américain, par contre, peut arriver à considérer l'amitié à la française plutôt étouffante. Au début, quand il se sent invité et « admis dans l'intimité » de Français, il est tout heureux, chante les louanges de l'amitié française, dit des Américains ce que les Français disent d'eux. Oui, c'est vrai, affirme-t-il, les Américains sont superficiels dans leurs amitiés, pas comme les Français. Il arrive assez vite à connaître le cercle (le choix du mot est intentionnel de ma part) d'amis de son nouvel ami, puisqu'il n'y a pratiquement pas d'occasion quelque peu importante sans eux, et qu'il les retrouve fréquemment puisque eux aussi commencent à l'inviter régulièrement, à l'inclure dans les activités du petit groupe. Et puis un jour, un sentiment aigu de claustrophobie le saisit. Et « il en a marre. Marre de revoir tous les jours les mêmes têtes, marre de discussions qui frisent la dispute, marre de ne pas pouvoir dire non sans avoir l'air trouble-fête, marre des sempiternelles taquineries à son égard, marre de se sentir envahi, marre des coups de téléphone qui prennent tellement de temps " pour rien ", marre des interruptions imprévues, marre des changements constants à des projets dits fermes... », bref, il en a marre de jouer à être français. Il se sent en aquarium, a besoin d'air, veut prendre le large.

Cette interprétation d'un étranger ne devrait pas étonner cependant. En effet, ce à quoi mon Américain fictif (?) réagit, c'est la *closure* du cercle d'amis qui rappelle, et en un sens reproduit, la *closure* du cercle de famille. Selon la conception française, les relations d'amitié sont parallèles aux relations familiales, mais pleinement choisies et assumées, ce qui peut leur assurer priorité sur les relations de famille. Il peut même y avoir substitution. Je peux, par mes amis, me créer une famille d'élection (liens ironisés dans l'expression « Tu es une mère pour moi »). Il est logique, dans cette perspective, que je fasse se connaître mes amis entre eux dans l'espoir qu'ils s'entendent bien entre eux (« Tu verras, elle est très sympa »). Si je les aime et que chacun d'eux m'aime, ils ne pourront que s'aimer entre eux. Sinon, cela signifierait une erreur de jugement de ma part. D'ailleurs, je parle souvent de mes amis à mes autres amis, et ils se connaissent déjà avant de se rencontrer. Je suis d'ailleurs un peu obligé(e) de les faire se rencontrer si je ne veux pas susciter des taquineries comme :

« Alors, tu vas nous la cacher longtemps, cette nouvelle ? »
« Dis-moi, tu es sûr que tu ne l'as pas inventé, ton ami ? »,
« Tu en as honte ? », etc.

Au fil du temps, ces liens se consolident et se raffermissent,
jusqu'à perdre toute contingence. Ils deviennent alors quasi
indestructibles, et la confiance est totale. La rupture ne peut
être causée que par la trahison. Et le choc affectif est grand,
peut même être traumatisant : « Ce que je n'arrive pas à
comprendre, c'est comment, moi qui croyais si bien le (la)
connaître (puisque nous étions amis), j'ai pu à ce point me
tromper sur son compte. »

Selon la conception américaine, mon amitié est en quelque
sorte un bien précieux, un « trésor » que je dépose chez
quelques élus. Un trésor que mille se départageraient n'est
plus un trésor. De même, mon amitié *(love)* n'est pas inépuisable, ne peut pas s'étendre à plusieurs sans s'affaiblir et
risquer de s'effriter *(« You can't spread it too thinly »)*. Je
vais donc me mettre en quête de ceux qui seront dignes de
mon trésor, et le leur retirer s'ils cessent d'en être dignes.
Quelle que soit donc la force de mon amitié, elle garde toujours
un élément de contingence, une menace de rupture. Si je
découvre que mon ami ne mérite plus mon trésor, pour des
raisons que je n'ai à justifier devant personne, je le lui retire
et cherche à le placer ailleurs. Déçu(e), je dirai que « j'ai mal
placé ma confiance » *(« I misplaced my trust »)*.

Cette quête de l'ami idéal reproduit par certains côtés la
quête amoureuse. Américain(e), en amitié comme en amour
(voir essai sur le couple), je vais chercher quelqu'un qui me
soutienne, m'approuve, me renvoie une confirmation de mon
être, aime en moi la personne que je veux être et m'aide à
l'atteindre. Ces liens d'amitié, je me dois de les entretenir, les
maintenir, les mériter, sans quoi je risque d'être une « mauvaise amie » *(« I've been a bad friend this month »)*, et, à la
longue, de perdre mes amis. Mais c'est plus dans mon amitié

(à laquelle toute sexualité est en principe étrangère) que dans mon couple que je trouverai l'égalité, la confiance mutuelle, la compréhension et les confidences. Idéalement, mon amant(e) ou mon époux(se) serait en même temps mon/ma meilleur(e) ami(e). Le rêve de la dyade parfaite que font de nombreux Américains. Ainsi, il n'est pas rare de voir les relations de couple de John et Mary devenir leurs seules relations affectives d'importance, à l'exclusion des rapports de famille et d'amitié. Selon un informant américain : « Je me suis aperçu après mon divorce que je n'avais aucun ami ; j'avais perdu contact avec mes amis à mon mariage, et pendant des années j'étais heureux de consacrer tout mon temps à ma famille (peut-être d'ailleurs plus à mes enfants qu'à ma femme) et à mon travail. »

Le caractère éminemment social de l'amitié est évident dans la façon négative dont Américains et Français considèrent celui qui « n'a pas d'ami ». C'est un personnage inquiétant parce que sans attache (je n'ai donc aucune prise sur lui). Il me semble cependant que, même dans ce contexte, il y a une légère différence de sens.

Un tel personnage, français, finirait je crois par susciter une certaine pitié : les gens les plus « horribles », criminels, assassins, etc., peuvent avoir des amis ; il faut donc que personne n'ait jamais pu rien trouver à aimer en ce personnage pour qu'il n'ait pas d'ami, il est frappé d'incapacité d'aimer et d'être aimé, sort plus triste qu'effrayant.

Mais pour un Américain, le *loner,* ce solitaire des faits divers, est une anomalie inquiétante parce que la présupposition, il me semble, serait que n'importe qui peut se faire aimer s'il en fait l'effort ; si donc il est seul, ce ne peut être que par choix.

Autrement dit, le Français sans ami serait asocial, tandis que le *loner* américain serait antisocial.

Le téléphone

Il pourrait sembler bizarre que le téléphone soit l'objet d'un essai, au même titre que l'amitié ou la famille. Le téléphone fait cependant partie de notre quotidien et, partant, de notre espace relationnel. Des développements technologiques des plus éblouissants le transforment chaque jour. Mais c'est l'objet qui change, non la façon de communiquer (d'utiliser l'objet), qui, elle, obéit aux mêmes implicites, qu'il s'agisse de cartes au laser ou d'ordinateurs. Or, on le sait maintenant, qui dit implicites dit possibilités de malentendus interculturels.

Une Française à l'anglais impeccable, depuis trois ou quatre ans aux États-Unis, sur le point de repartir pour la France : « Parfois, je m'énerve encore parce qu'il y a beaucoup de choses qui me dépassent vraiment... J'ai une amie américaine... on s'entend mais vraiment très très bien... Bon, je sais qu'elle a de très grands problèmes de famille. A Noël dernier, elle est rentrée chez elle, et je savais que ça allait barder avec sa mère. Je l'appelle le soir de Noël... Elle me répond qu'elle ne peut pas rester au téléphone, qu'elle me rappellera et m'expliquera. Noël passe. Rien. Bon, je me dis qu'elle doit avoir encore plus de problèmes que prévu. J'appelle le Jour de l'An pour lui souhaiter la bonne année, même histoire, elle me dit de la rappeler, ce que je refuse absolument de faire. Je dis non et je raccroche. Elle ne m'a même pas demandé de nouvelles de Patrick qui était venu d'Inde pour passer les fêtes avec moi, ce qu'elle savait très bien. Patrick était tout étonné... Elle a fini par rappeler. J'ai pensé aux différences culturelles dont nous avions parlé et, au lieu de fermer le bec, de ravaler ma colère et de mijoter toute seule dans mon coin, j'ai décidé de lui dire que dans ma culture, ça ne se faisait pas d'agir comme elle avait fait. Je suis contente d'ailleurs, parce qu'on s'est expliquées, et puis tout s'est arrangé... Elle avait eu des tas de problèmes en effet... »

Une Américaine, parlant d'amis (français), qu'elle a en France : « Ils détestent utiliser le téléphone. Ici, si on se déplace beaucoup et qu'on n'a plus le temps d'écrire, on utilise le téléphone. Tandis qu'eux, s'ils ne peuvent pas écrire, ils n'appellent pas non plus, rien, c'est le silence. »

Universitaire française aux États-Unis, j'ai longtemps été « ahurie » par la « facilité » avec laquelle des étudiants m'appelaient chez moi pour poser des questions que je trouvais « triviales », qui « auraient certainement pu attendre que je sois à mon bureau ».

Le téléphone joue un rôle très compliqué dans notre vie (à nous Français). Si nous pouvons nous le permettre, nous le faisons installer aussi vite que possible. Mais dès qu'il est là, nous le soumettons à toutes sortes de règles non dites, comme s'il représentait une menace que l'on avait admise chez soi, une sorte de cheval de Troie dont nous saurions la présence nécessaire (« S'il arrivait quelque chose... »), mais dont nous devions contenir, limiter le pouvoir. Il semble même que pour certains, le téléphone idéal ne serait qu'émetteur, vous permettant d'appeler l'extérieur à volonté, mais non récepteur, ne « vous sonnant » pas à volonté.

Pourtant le téléphone est aujourd'hui chose commune, l'usage en est des plus familiers pour tous. Pourquoi garde-t-il donc ce caractère ambigu ?

Pour savoir qui je peux appeler et quand, j'ai besoin d'autre chose que d'un manuel de savoir-vivre. En effet, pour un Français, utiliser le téléphone, c'est affirmer la nature d'une relation. Or, ce n'est pas le cas, on s'en doute maintenant, pour un Américain.

Je (français) appelle un bureau pour demander un renseignement. Quand on me répond, c'est poliment, mais rapidement en me donnant l'impression que si je ne me dépêche pas pour poser toutes mes questions, on va me raccrocher au nez. J'ai donc l'impression de retenir malgré elle la personne qui me répond, et si j'insiste, on me fait sentir que j'exagère (« Si tout le monde faisait comme vous... »). Peut-être y a-t-il ici l'idée qu'en téléphonant, je triche un peu puisque je ne fais pas la queue, je n'attends pas mon tour comme tout le monde (est-ce pour cette raison que l'attente a été réinstituée au téléphone par la musique qui suit le « Ne quittez pas » fatidique ?). Il y a peut-être aussi une autre explication : derrière le guichet, l'employé détient un certain pouvoir sur le client, qu'il perd au bout du fil (je sonne, il répond). Pour rétablir l'équilibre, il « me liquide » en me forçant à me presser, ou me remet dans la position du demandeur en me faisant attendre.

Si j'appelle quelqu'un qui occupe un poste quelque peu important, je dois tout de suite montrer patte blanche et répondre au « de la part de qui » instantané. Et me voilà tout de suite transformé en importun possible. (La réponse américaine : « *May I ask who is calling* », qui aurait plus le sens de : « Qui dois-je annoncer », est de moins en moins fréquente, remplacée par la phrase passe-partout : « *S/he is in conference right now, may I have her/him call you back* » qui permet d'éviter les importuns.)

Dans le cas donc d'une relation d'affaires (appeler un

bureau, une agence, un service public), la communication peut être désagréable, mais elle est claire. En appelant, je me mets à la disposition du répondeur. En cas de non-satisfaction, ma seule alternative est de raccrocher, ce qui ne résout pas la question pour laquelle j'appelais, et n'est donc pas dans mon intérêt. Cela explique en partie, je crois, pourquoi de nombreux Français préfèrent aller à l'agence, ou au bureau en question, pour obtenir des renseignements qu'un Américain obtiendrait par téléphone. Quand je suis là en personne, on ne peut aussi facilement me faire disparaître et, si je suis un tant soit peu motivé (ou têtu), j'y passerai « le temps qu'il faudra », mais j'obtiendrai satisfaction.

De plus, la personne qui répond au téléphone ne peut être confrontée en cas d'erreur, de renseignement erroné, mais demeure « une dame », « un monsieur », « on ». Si je demande à qui je m'adresse, on me répondra par un prénom, dans un pays où je ne permets pas facilement à n'importe qui de m'appeler par mon prénom. Aussi n'est-ce pas le prénom, mais plutôt : « Vous direz que c'est M. André », ou encore : « Vous demanderez Mme Anna ». Tout cela évoque un certain degré de méfiance à l'égard de transactions officielles faites par téléphone. On se sent en quelque sorte tout seul contre un miasme de non-responsabilité, contre des répondeurs insaisissables. Plusieurs Français m'ont affirmé ne pas avoir confiance en les renseignements qu'ils obtenaient par téléphone parce que l'expérience leur avait appris « qu'une réponse au téléphone n'engage à rien ». Ainsi : « J'ai appelé la XXOX deux fois, j'ai demandé s'ils avaient un accessoire pour mon appareil de photos, j'ai donné la marque et le numéro, on m'a dit oui. Je me méfiais, j'ai rappelé le lendemain, j'ai dit clairement, " Vous l'avez ? Vous êtes sûr ? Je viens le prendre tout de suite ? " Oui, oui, oui. J'y suis allé, ils ne l'avaient pas. J'ai dit que j'avais appelé, etc. " C'était une erreur ", voilà ce qu'on m'a répondu... »

Le désir de savoir à qui on a affaire est exprimé dans un autre contexte par l'incongru « Qui est là ? » ou « Qui est à l'appareil ? » qui m'assaille souvent quand je réponds au téléphone. C'est comme si quelqu'un frappait à votre porte et vous demandait de vous identifier... Je crois que pour que cette question ne soit pas complètement ridicule, ou aberrante, il faut la comprendre d'une autre manière. En posant la question « Qui est là ? » à la personne qui me répond au téléphone, j'affirme une relation proche entre le répondeur et moi. En fait, ma question veut dire : « Lequel d'entre vous est à l'appareil ? », c'est-à-dire : « Lequel des habitués de la maison » – sous-entendu : « que je connais et qui pourraient se permettre de répondre au téléphone » (membres de la famille, femme de ménage, garde d'enfants, belle-famille, amis intimes). Dans ce cas, un prénom seul suffit en réponse.

C'est pour des raisons semblables (affirmer une relation proche) qu'un Français ne s'identifie pas au téléphone, à l'encontre de l'Américain qui souvent donne son nom au complet même si vous le connaissez assez bien. Quand un Français donne son nom, c'est preuve de relation distante, « formelle ». Autrement, dès que quelqu'un se considère comme un de vos « bons copains », il ne dira pas son nom quand il appelle. A vous de le reconnaître au son de sa voix, et sans hésitation. On s'attend à être reconnu, même si on ne téléphone pas fréquemment, et même si on sait que la personne appelée connaît « des tas de gens ». Cela devient même un jeu, une sorte de coquetterie, un test d'amitié auquel on soumet le répondeur incertain. Par conséquent, de peur de se tromper, on apprend très vite à reconnaître les gens par leur voix, ce qui renforce le système. La distance dans le temps et l'espace ne diminue en rien cette attente. J'ai moi-même reçu des coups de téléphone littéralement « des quatre coins du monde » et de personnes que je n'avais pas vues « depuis une éternité ». Cela ne les a pas empêchées (au contraire) de ne pas dire leur nom. Et je les ai, bien sûr, toujours reconnues, même si cela exigeait de « faire semblant » pendant trente secondes de conversation.

Qu'arrive-t-il dans les cas les plus courants, ceux de coups de téléphone entre personnes qui se connaissent et se voient assez souvent ?

Là encore, la facilité avec laquelle on décroche le téléphone pour faire un appel indique la nature du lien entre l'appelant et l'appelé. Il faut en effet concevoir l'appel téléphonique comme une visite à l'improviste. C'est comme si je sonnais à la porte de quelqu'un sans avoir prévenu de ma visite. Bien sûr, il y a toujours la possibilité de ne pas répondre, de laisser sonner. Mais si on veut savoir qui sonne, on peut avoir recours, dans le cas de la porte, à un œil-espion. Mais pour le téléphone, il faut décrocher (à moins d'avoir un répondeur automatique qui vous permette cette même sorte d'espionnage). L'appel constitue ainsi une irruption dans mon foyer, dans ma vie. Comme pour la visite inattendue, je peux avoir recours à toutes sortes d'échappatoires si je veux éviter la rencontre (« J'étais en train de sortir »), mais l'échange est moins contrôlable en ce qui concerne l'autre : je ne vois pas le visage de la personne à qui je parle (déçu ? fâché ? pincé ? indifférent ?...). Je suis coupé de toutes sortes de signaux sur lesquels j'ai l'habitude de compter dans mes échanges interpersonnels : expressions du visage, regard, sourire, grimace, mouvements, gestes, présence d'autres personnes qui m'échappe, contexte, etc. D'où un certain malaise.

Un coup de téléphone, souvent, implique une prise de décision rapide, fixer l'heure et l'endroit d'un rendez-vous, par exemple, suivie d'une perte de contact temporaire (ce qui empêche tout changement). Cela, pour de nombreux Français, représente une pression quelque peu désagréable. On aime à repousser le moment où l'on doit s'engager, on aime à garder une certaine flexibilité, ne pas se trouver, par sa propre faute,

« coincé » par plusieurs engagements. Ainsi, quand on est amis de lycée, par exemple, on « passe se voir », on « va chercher » untel. Mais quand on est plus âgé et « très pris », on se quitte avec l'idée de se revoir très bientôt (demain ?), mais pour régler les détails, « on s'appelle ».

Ce « on s'appelle » qui termine plus d'une conversation, n'est pas la dernière chance qu'on a de repousser (ou carrément éviter) une décision. Au téléphone même, il y a encore le « Je te rappelle » qui peut jouer le même rôle.

Il semblerait que le téléphone pourrait servir à annoncer une prochaine visite (« J'étais dans le coin... »). Mais ce n'est pas si certain. L'annonce imminente d'une visite suppose qu'on sera plus ou moins prêt à recevoir cette visite. D'où possibilité d'affolement (on envoie un gosse chercher des petits gâteaux, ou à boire), parce qu'on n'a plus l'excuse de ne pas être en mesure de faire honneur à la visite inopinée (« Je suis désolé, vous arrivez comme ça, en plein... il n'y a plus une goutte de quoi que ce soit à la maison »), et de ne pouvoir offrir qu'un « petit café ».

Bien qu'il constitue une irruption, le coup de téléphone n'obéit cependant pas aux mêmes restrictions que la visite à l'improviste. Soumis à des règles de politesse assez sévères (pas tôt le matin, pas tard le soir, pas après 20 heures, pas au moment du déjeuner, pas au moment de la sieste, pas au moment de dîner...), il bénéficie quand même d'un temps plus élastique que la visite non annoncée. Les intrusions par téléphone peuvent donc être plus fréquentes, et sont plus probables, que celles par visites non annoncées. Ce qui explique qu'on prenne toutes sortes de précautions quand on appelle un(e) collègue à la maison, par exemple : « Excusez-moi de vous déranger », « Je suis désolé(e) de vous avoir appelé(e) chez vous », ou autre formule du même genre et qui est toujours suivie d'un « mais » qui justifie l'appel. La force du « mais non, mais non » en réponse doit ou vous rassurer, ou vous indiquer qu'en effet vous dérangez, ce qui est parfois renforcé de « c'est-à-dire que j'allais... ».

Est-ce à dire que les Français ont une aversion maladive pour le téléphone, une attitude paranoïaque à son égard ? Certains Américains ne sont pas loin de le penser. Mais la gêne fréquente qui accompagne le coup de téléphone à donner doit être interprétée autrement.

En effet, cette gêne disparaît quand il s'agit (pour des Français) d'appeler des amis proches, ou des membres de la famille avec lesquels on s'entend bien. Dans ces cas en effet, on sait exactement à qui on a affaire, on connaît bien toutes les expressions, les inflexions de celui à qui on parle, on sait à quel moment il ne faut pas appeler (« jamais avant midi », à quel moment inhabituel on peu appeler (« Elle est toujours réveillée jusqu'à 2, 3 heures du matin »), etc. Si par accident j'appelle à un mauvais moment, on me le dira sans que je me fâche pour cela.

Dans ces cas, le téléphone devient un outil précieux. Il permet de combler l'écart causé par des distances spatiales ou temporelles, il permet la visite fréquente que j'aimerais faire ou avoir, mais que mon emploi du temps et celui de mes proches, les distances qui nous séparent et font obstacle même dans la même ville, m'interdisent. C'est une façon de garder contact avec l'autre et d'être toujours renseigné sur son état d'âme (« C'est bizarre, ça fait trois jours que X n'a pas donné signe de vie, il doit se passer quelque chose »), et, selon la gravité soupçonnée du silence (et donc de l'appel à l'action) je téléphonerai ou irai rendre visite à X « pour en avoir le cœur net ». Dans ces cas de coups de téléphone entre proches, la nature de l'échange est calquée sur la nature des rapports. On se conduit comme on le ferait dans un face-à-face, on peut même être mené à un plus grand degré d'intimité, mais on reste soi-même. Le téléphone permet de multiplier les échanges, de partager instantanément une pensée, une opinion, une nouvelle, un pronostic, sa joie ou sa solitude, une « crise » ou un moment de dépression, une « bonne surprise », etc. Le seul autre cas où l'on pourrait se permettre d'être aussi impulsif est, en apparence, très différent : quelqu'un de très en colère contre des inconnus (les préposés aux réclamations, par exemple) parce qu'ils représentent telle ou telle maison, tel fournisseur, n'hésitera pas à décrocher le téléphone « pour leur faire savoir ce qu'il pense d'eux », ou pour « leur donner de ses nouvelles ». Cependant, dans les deux cas (l'appel entre deux proches et celui entre deux inconnus), il peut y avoir impulsivité parce qu'il n'y a aucune ambiguïté dans la situation. La relation entre les deux personnes au bout du fil est claire : dans le premier cas, elle est forte (et peut donc admettre ce genre d'irruption), dans le deuxième cas elle est non existante, ou menace fort de le devenir.

Dans les relations entre proches, les coups de téléphone peuvent être parallèles aux visites (il est possible d'appeler dès son retour « parce qu'on avait oublié quelque chose » ou qu'on a eu une nouvelle idée), suppléer aux visites (remplir l'espace entre les visites), ou remplacer presque complètement les visites. On appelle pour prolonger un moment qu'on a passé avec quelqu'un, ou alors pour réaffirmer, renforcer un lien, un contact, et « passer un moment » avec X ou Y. Des renseignements précis sont rarement échangés dans ce contexte. Il ne s'agit pas de « parler de », mais de « parler » tout simplement. Cela ne veut pas dire qu'on n'apprend rien dans ces communications. Il peut même arriver qu'on obtienne des réponses précises à ses questions. Mais ce qui est plus important, c'est tout ce qui était dit autour de ces renseignements, la conversation qui les englobe (au point parfois de les faire oublier) et, dans le cas de grandes distances, le son de la voix, la brève illusion de présence, de proximité.

Il arrive ainsi, dans les cas de grandes distances, ou de coups de téléphone assez rares, qu'on dépense sans regret de grosses sommes d'argent pour ne dire pratiquement rien d'autre que : « Bonjour, comment ça va, je t'embrasse » à toutes les personnes présentes au moment de l'appel, et qui défilent l'une après l'autre à l'appareil pour prononcer essentiellement les mêmes paroles. Dans ces cas, exacerbées par la distance, les émotions priment, mais pas au point de faire oublier le rituel qui exige de « dire un mot à tout le monde », et qui remplace en quelque sorte celui de « la bise à tout le monde ». D'ailleurs, le coup de téléphone peut franchement prendre la force d'un rituel aux dates importantes : anniversaires, fêtes, Noël, ou Jour de l'An. Là encore, c'est l'acte d'appeler qui compte, pas tellement les paroles (souvent rituelles) échangées. L'appelé, quelles que soient ses obligations au moment de l'appel, est tenu de participer au rituel de la même manière s'il prend la peine de répondre. S'il ne peut participer à l'échange, il ne répondra pas. Mais soulever le téléphone pour dire à l'ami prêt au rituel qu'on n'est pas libre d'y participer constitue, pour un Français, une incongruité. Tandis qu'un Américain aurait tendance à préférer une réponse, même brève (« I can't talk now »), signe de relation forte puisqu'on se la permet. On comprend le malentendu rapporté par la Française au début de cet essai.

Tout ce qui précède semblerait indiquer que, pour les Français, le téléphone a deux personnalités selon la nature des relations qu'on a avec les appelés. Quand la relation est caractérisée par des certitudes (famille, amis), le fil téléphonique devient vraiment l'extension symbolique des liens qui rattachent appelant et appelé. Le téléphone est alors rassurant, sa présence désirable. Dans tous les autres cas, c'est l'incertitude, et donc l'inquiétude, la menace, l'intrusion, le bouleversement, l'invasion en puissance, et le malaise devant l'inconnu.

Et ma conduite au téléphone reproduira celle que j'adopte

dans mes autres rapports quotidiens, dans mes conversations, par exemple (voir chapitre sur la conversation).

La ligne de démarcation est moins claire pour les Américains et, partant, plus difficile à découvrir pour l'étranger. Américain(e), je considère le téléphone avant tout comme un outil, un instrument pratique et indispensable. Avant même de déménager, par exemple, je m'arrange pour faire installer le téléphone à ma nouvelle adresse, pour qu'il puisse fonctionner dès mon premier jour dans ma nouvelle résidence. Si je reste dans la même ville, je suis sûr(e) de pouvoir garder le même numéro, à moins de vouloir un peu brouiller les traces en changeant de numéro.

Mon numéro de téléphone devient très vite une partie intégrale de mon identité. Quand je décline nom et adresse, ce numéro suit automatiquement. Il est imprimé sur mes chèques, il accompagne tous mes achats à crédit, il est à la portée de quiconque veut faire des sondages, études de marché, ou ventes par téléphone. Grâce à ce numéro, je demeure accessible à un nombre incalculable de gens qui pourraient avoir besoin ou envie de m'atteindre, y compris une grande majorité d'inconnus. Il apparaît sur toutes sortes de listes dont je ne soupçonne même pas l'existence, jusqu'au jour où je suis contacté(e). Je peux ainsi, sans grande surprise, recevoir un coup de téléphone de l'université à laquelle je suis allé(e) il y a trente ou quarante ans, et dont les membres actuels sollicitent des fonds de concert en organisant un « telethon » (sorte de marathon téléphonique), dont le but est d'atteindre le plus grand nombre d'anciens possible, et de les ramener au troupeau (et à leurs devoirs). Il est significatif que ces « telethons » soient, jusqu'à présent, couronnés d'un immense succès.

Cette accessibilité s'accompagne, bien sûr, d'une certaine vulnérabilité quand je suis à la portée d'indésirables – voleurs potentiels qui vérifient ainsi que la voie est libre (d'où l'incompréhension américaine devant l'existence des « abonnés absents » en France), spécialistes de coups de téléphone obscènes, etc. Pour cette raison, on apprend aux enfants à répondre au téléphone (et à ne pas dire la vérité) dès leur plus jeune âge, par mesure de sécurité.

Ce qui précède implique que, si je veux me couper de tous ces appels, mon seul recours sera d'appartenir à la liste rouge, d'avoir un numéro « non listé » *(unlisted number)*, ce qui me coûtera de l'argent. Je peux aussi installer un répondeur automatique, mais il ne me libère pas vraiment, il me permet seulement de choisir le moment de ma réponse. En effet, si X m'appelle et me laisse son numéro de téléphone ou un message sur le répondeur, la politesse exige que je rappelle. Le but donc du répondeur est de me permettre de recueillir les appels qui se perdraient en mon absence plutôt que d'éviter le contact. Ainsi, il n'est pas rare que mon premier geste en rentrant chez moi soit de vérifier mon répondeur. Et il y a de fortes chances que, même si je ne l'avoue pas, je sois quelque peu déçu(e) s'il n'y a aucun message, si personne n'a appelé en mon absence. Ce sens du répondeur est souvent mal compris des Français qui auraient tendance à se sentir insultés d'avoir à parler à une machine. Là encore, la ligne de démarcation devrait rester claire, pour un Français, entre privé et public.

Ce qui va me pousser à faire les frais d'un répondeur, en dehors de mesures de sécurité (impossible de savoir si je suis vraiment chez moi ou pas), c'est le besoin de me rendre accessible à tous ceux « qui ne me trouvent jamais chez moi », qui « n'arrivent jamais à me trouver », et qui me le disent comme un reproche *(« You're hard to find »*, *« I called many times but could never find you »)*. On peut aussi me reprocher d'être inaccessible parce que ma ligne est toujours occupée *(« It's always busy »)*. Dans ce cas, je pourrais me voir obligé(e) d'avoir deux lignes, deux numéros de téléphone, tous deux accessibles, ou d'installer une ligne « publique » et une ligne « privée » (numéro *unlisted,* que je donnerai seulement à quelques élus).

De même, dès que mes enfants auront atteint l'âge de « passer des heures » au téléphone, si j'en ai les moyens, je ferai installer une ligne pour les enfants, qui auront ainsi leur propre numéro. Si je ne peux pas me le permettre, j'établirai des règles strictes d'utilisation, pour que leurs appels ne restreignent pas les miens.

En d'autres termes, américain(e), j'aurai tendance à considérer le téléphone comme je considère la voiture, un moyen de se jouer des distances et du temps indispensable à tous. Il est intéressant de noter à ce sujet qu'à l'heure actuelle, où la « dérégulation » des télécommunications entraîne des révisions tarifaires continues, des groupes se sont constitués pour la défense du « droit au téléphone » des plus pauvres, que les nouveaux tarifs élimineraient. Les compagnies ont répondu en proposant des « bons de téléphone », c'est-à-dire une aide spéciale aux indigents, selon le modèle déjà adopté par le gaz et l'électricité, faisant ainsi du téléphone un besoin indispensable, une des nécessités de la vie (dans plusieurs villes, un système de protection relie par téléphone à la police, ou à des volontaires, les personnes âgées vivant seules).

Si les visites non annoncées sont plutôt mal vues aux États-Unis, le téléphone, par contre, me rend accessible à tous, sans distinction. Bien sûr, si on m'appelle à des heures indues (après minuit), il vaudrait mieux que ce soit un ami très proche, quelqu'un qui me sait réveillée à cette heure et à qui j'ai permis de le faire. Je peux dire à quelqu'un de m'appeler « n'importe quand » (« *Call me any time* »), mais c'est dans l'attente qu'il ne me prenne pas au mot. Les extrêmes mis à part, on peut appeler quand on veut entre 8 heures et 22 ou 23 heures. Cela ne me gêne pas, dans la mesure où je n'ai aucun remords à décrocher pour dire que je ne peux pas rester au téléphone *(« I can't stay on the phone right now »)*, et que je rappellerai, ou pour demander qu'on me rappelle. Cela ne vexera en aucune manière l'appelant, à moins bien sûr que je ne réponde toujours ainsi à cette personne (et ne rappelle jamais).

Dans cette perspective, il n'est pas étonnant que des étudiants ou des collègues m'appellent chez moi, peut-être même plus souvent qu'à mon bureau (où je suis beaucoup plus difficile à trouver entre les cours, réunions, séminaires, expéditions dans les bureaux de collègues, etc.). Il est d'ailleurs plus poli, si un étudiant laisse un message au secrétariat ou sur ma porte, de dire qu'il rappellera, que de me demander de le rappeler en laissant son numéro (ce qui distingue très vite les « innocents » des plus chevronnés, qui ont vite appris que je ne vais pas « perdre mon temps » à essayer de les contacter pour répondre à leurs questions).

Les longues conversations au téléphone « pour rien » sont considérées une perte de temps et un signe d'immaturité. Ce sont les adolescents *(teenagers)* qui « passent des heures au téléphone » à parler à des amis qu'ils viennent de quitter, ou qui habitent de l'autre côté de la rue. Longtemps, les conversations entre femmes ont été placées dans cette catégorie par des « hommes sérieux » qui « avaient mieux à faire », et ont fait l'objet de plaisanteries « classiques ». Les hommes, s'ils parlaient longtemps au téléphone, étaient censés discuter de choses sérieuses, essayer de résoudre des problèmes de taille (techniques de pose d'une moquette, commentaires analytiques sur un match de football, questions métaphysiques, mérites de tel ou tel lac pour la pêche, etc.). Le féminisme a un peu bouleversé tout cela, et donné la liberté, à ceux qui aimaient « papoter » sous couvert de parler boulot, de ne pas s'en cacher.

Adulte américain, je n'appelle personne « pour rien ». J'appelle des amis lointains pour avoir de leurs nouvelles (et maintenir liens et amitié). J'appelle mes parents pour m'assurer de leur bien-être et pour les fêtes que nous n'aurons pas pu passer ensemble (la fête des mères et Thanksgiving semblent avoir le plus d'importance dans ce contexte). J'appelle, de loin en loin, les membres de ma famille avec lesquels je suis resté en contact, pour faire le point, en quelque sorte, faire un échange de nouvelles que de grandes distances les empêchent d'apprendre (si je n'écris pas). Dans ma ville, je vais appeler mes amis pour les inviter à venir chez moi, auquel cas la conversation reste très courte, se limite à une prise de rendez-vous, ou pour demander de l'aide, auquel cas la conversation reste aussi très courte, ou du moins ne dure que le temps nécessaire pour expliquer la nature de l'aide demandée et pour la réponse.

Ces conversations « entre amis » peuvent paraître très abruptes à des Français. Il faut cependant les voir comme une marque d'amitié plutôt que comme une façon de me « liquider ». En effet, quand je retrouve un ami, pour une sortie, un dîner, une visite, il me consacre toute son attention et une bonne partie de son temps. Si, en l'appelant, je le gardais longtemps au téléphone pour simplement bavarder, ce serait indélicat et égoïste : puisque c'est mon ami, je sais tout ce qui et ceux qui réclament son attention, et je ne vais pas le retenir par des appels inutiles qui risquent de l'agacer et de l'impatienter s'ils causent « sans arrêt » des interruptions injustifiables.

Une campagne publicitaire d'une compagnie de téléphone en dit long sur ce point. A la télé, conversations comme les Américains n'ont pas l'habitude d'en faire au téléphone, c'est-à-dire « seulement pour le plaisir » ; le refrain : « *Reach out, reach out and touch someone* », invite les Américains à considérer le téléphone comme les Français le considèrent (mais je suis sûre que cette rencontre culturelle est un pur hasard, que leur intention n'est pas d'adopter une coutume française, mais de multiplier les appels en créant une nouvelle sorte d'appels qui s'ajouteraient à ceux qui existent déjà).

Le « petit » accident

Une publicité, à la télévision américaine, montre une mère et sa fille (douze ou treize ans) penchées sur le problème d'une tache sur un chemisier. La fille est « désespérée », sa mère promet de faire de son mieux pour l'aider. Grâce à une lessive miracle, le chemisier retrouve sa beauté. Pour comprendre l'étendue de la crise résolue par la lessive en question, il faut savoir que le chemisier taché appartient non à la fille sur l'écran, mais à sa sœur aînée, qui le lui a prêté. La situation est donc assez grave pour que la mère entre en scène, et pour que nous soyons tous soulagés (et reconnaissants envers la lessive magique) quand le chemisier, indemne, est remis en place juste avant l'arrivée de sa propriétaire, qui justement voulait le reprendre pour le porter le soir même. La crise a été détournée, sourires heureux des héroïnes.

Tout ne va pas aussi bien dans le courrier de *Dear Abby*, que des millions d'Américains lisent tous les jours dans les journaux. Sous plusieurs formes, le même problème est souvent posé : « X a emprunté mon truc-machin-chouette, me l'a rendu abîmé, n'a proposé ni remplacement ni réparation. Que dois-je faire ? »

Les Américains sont-ils terrifiés par leurs aînés (premier cas), ou incapables de résoudre seuls le moindre petit problème (deuxième cas) ? La liste des « adjectifs » et des « explications » peut s'allonger selon les goûts et la culture. Ce qui

m'intéresse ici cependant est le fait que, dans les deux « cas »,
il y a eu un petit accident. Dans le premier, la « responsable »
sait quoi faire, dans le deuxième, la « victime » ne sait pas
quoi faire, ce qui indiquerait qu'une attente a été déçue.
Pour un Français, il y a de fortes chances que les deux cas
soient une preuve de plus du « sens aigu de la propriété » des
Américains. Mais pourquoi prêter sa propriété si on en a un
sens si aigu ? Il semble que, là encore, la nature du problème
soit ailleurs. Avant d'aller plus loin, cependant, il serait utile
de passer en revue quelques cas français de « petits » accidents.
Certains de ces cas, je les ai vécus. Ils ont paru tout à fait
« normaux » à la Française en moi, mais un tantinet « bizarres »
à l'ethnologue en moi qui les considérait avec un œil volontairement « étranger ».

F (française), son mari et sa petite fille s'apprêtent à quitter
une *party,* et sont dans l'entrée en train de dire au revoir. En
partant, F a un « petit accident » : en remettant son manteau,
elle balaie de la main un petit tableau fin et long qui, emporté
par le mouvement, tombe par terre. Le cadre de bois laqué
se casse, mais les dégâts sont réparables. F, au maître de
maison dont elle prenait congé : « Oh, désolée, j'ai eu un petit
accident. » Puis immédiatement plaisante : « Mais aussi quelle
idée de mettre un tableau à un tel endroit !... Tu as dû le
faire exprès, ma parole ! » Ne sachant que faire du petit
tableau qu'elle a maintenant dans les mains, elle le retourne
pour examiner sans doute les dégâts, et s'écrie joyeuse : « Oh,
tu vois, c'était déjà cassé puisqu'il a été recollé », en montrant
du doigt un morceau de papier collant qui de toute évidence
n'a rien à voir avec le cadre même. Tout le monde présent
peut clairement voir cela, mais personne ne fait mine de le
remarquer, et le maître de maison (français) s'empresse de
prendre le tableau et de dire : « Ne t'en fais pas, ce n'est rien,

je m'en occuperai. » Comme F tente de nouvelles plaisanteries sur l'accident, son mari l'entraîne vers la porte en disant : « Écoute, si tu continues, tu ne seras plus réinvitée ici. » Rires de tous côtés, au revoir.

Pas une fois, F n'a proposé de faire réparer le cadre. Par contre, tous ses efforts tendaient, semble-t-il, à minimiser l'accident en l'enveloppant de plaisanteries. Ainsi, elle se met à raconter un autre incident : sa fille, quand elle était encore bébé et dans les bras de sa mère, avait décroché du mur derrière sa mère une assiette signée (elle insiste) et l'avait jetée par terre. « Alors là... une vraie catastrophe, je ne savais plus où me mettre... » Autrement dit, l'incident « vraiment » grave, celui de l'assiette de valeur (signée), c'est le bébé qui en était responsable (et en même temps non responsable puisque bébé). Par comparaison, l'incident du cadre paraît-il (ou devrait-il paraître) infime ?

Le rapprochement, par F, de ces deux incidents voudrait-il aussi dire que F n'est pas responsable non plus ? Comme le bébé ? Le fait qu'elle n'ait pas proposé de faire réparer le cadre (ce qui serait reconnaître sa responsabilité) semble indiquer que c'est une interprétation plausible de ce rapprochement. On peut dire, bien sûr, que F était si gênée que, dans le deuxième cas comme dans le premier, elle « ne savait plus où se mettre », et que les plaisanteries étaient une façon de déguiser son embarras. Sans aucun doute. Mais on peut tout aussi bien être désolé, gêné, et plaisanter pour détendre l'atmosphère, et en même temps s'arranger pour réparer les dégâts.

D, vingt-deux ans, Parisienne, renverse du vin rouge (un verre plein) sur la moquette à une soirée chez des amis de ses amis. Elle se précipite sur une petite serviette de papier pour éponger le vin. L'amie qui l'a invitée, J, revient déjà de la cuisine avec assez de Sopalin pour vraiment éponger cette grande quantité de vin ; quelqu'un d'autre apporte du sel. D, pendant que son amie nettoie : « Oh, mon Dieu, L (hôte) ne va pas être content... Mais aussi, on n'a pas idée... C'est ça, l'inconvénient des moquettes de couleur claire, c'est si difficile à nettoyer ! » D a fait un effort, quoique insuffisant, pour réparer les dégâts. Mais son commentaire évoque étrangement celui de F. La « victime » semble transformée en véritable responsable, c'est-à-dire en responsable ultime de l'accident : Si le tableau n'avait pas été placé là... Si la moquette n'avait pas été choisie de couleur claire...

Monsieur T, en visite chez son fils temporairement aux États-Unis, découvre l'existence de stores, placés entre les vitres des fenêtres et les rideaux dans une grande majorité des maisons américaines, et qui sont là pour protéger du soleil. Ces stores ont des ressorts qui permettent de les baisser et de les remonter à volonté, et de régler la quantité de lumière que l'on veut laisser passer. Pour faire cela il faut apprendre à accompagner le store de la main, sinon il se réenroule tout seul d'un coup sec. Son fils en fait la démonstration à monsieur T, insiste particulièrement sur le fait qu'il ne faut jamais lâcher le store « pour qu'il remonte tout seul » (tentation inépuisable pour les Français aux États-Unis, même s'ils y vivent depuis vingt ans, comme moi). Le lendemain, rappel bref des explications, ce qui a le don de mettre monsieur T hors de lui (« Tu me prends pour un idiot ? »). Quelques jours plus tard, coup sec comme un coup de feu, suivi d'une exclamation. Le fils accourt, trouve son père en face de la fenêtre et qui lui dit en le voyant arriver : « Mais c'est épouvantable, on se croirait dans la maison du diable, ma parole ! Faut pas être cardiaque chez toi... Pas étonnant que les Américains aillent tous chez le psychiatre... Ça m'a fait une peur... Et pourtant j'ai fait exactement comme tu m'as dit, je ne comprends pas ce qui s'est passé... »

L, vingt-huit ans, de la région bordelaise, partage un appartement avec V, même âge ou à peu près, de Normandie. L brûle, en l'absence de V, une de ses casseroles de bonne qualité. Quand V revient, L avoue, s'excuse et, au cours de l'explication, ajoute : «...parce que moi, tu sais, une casserole de bonne ou de mauvaise qualité, c'est pour moi la même chose, parce que je ne suis pas du tout matérialiste, je ne m'attache pas du tout aux objets... » En d'autres termes, s'il y a accident, c'est seulement parce que V a un caractère qui lui fait regretter la perte d'une simple casserole, un objet.

N, du Midi, emprunte à S son projecteur, le rapporte « coincé » avec ces mots : «...il est bizarre, ton appareil, il fait un bruit pas normal. » S découvre plus tard, dans le projecteur, une diapositive non montée et qui fait partie de la collection de N.

S, de la côte basque, emprunte la voiture de R, la rapporte le lendemain et demande avec un sourire en coin : « Tu es sûr qu'elle marche bien, ta voiture ? Parce qu'elle a calé deux fois. Une fois, j'étais même en travers de la route, parce que j'essayais de tourner, et j'avais peur qu'une voiture me rentre dedans... » R, qui est un ami de S, ajoute en me rapportant cet incident : « S est un type très bien, mais il conduit comme un pied. »

B, de Paris, me rapporte la machine à écrire qu'il m'a empruntée et annonce, avec le sourire espiègle de l'enfant pris en faute et qui sait qu'il va se faire pardonner : « Tu sais, ta machine à écrire, elle m'a joué un sale tour, elle doit pas beaucoup m'aimer parce qu'elle sautait des lettres constamment... Il a fallu que je fasse très attention en tapant... »

Ce qui précède semblerait dire que les Français n'offrent pas de réparer quand il y a accident. Ce n'est pas le cas, cependant. Aussi familiers que les cas cités ci-dessus sont ceux que l'on m'a rapportés qui contenaient une offre de réparation. Ainsi L, qui avait déjà brûlé la casserole de V, a aussi, à un autre moment, cassé par accident un pichet-du-pays que V avait rapporté de France. Dans ce cas, L, qui comprenait la valeur sentimentale des pichets sinon la valeur marchande des casseroles, a offert, ou plutôt promis, de remplacer l'objet cassé. (« Je t'en achèterai un exactement comme celui-là. ») Plus d'un an après, me dit V, le pichet n'avait pas été remplacé, ni même mentionné.

Cette même V, me raconte G, lui a emprunté une calcu-latrice électronique programmable pour faire rapidement « quelques calculs très simples ». Les calculs étaient apparemment trop simples pour le mécanisme délicat de l'appareil parce qu'il s'est « mystérieusement » bloqué. V a offert à G de partager les frais de réparation, laissant ainsi sous-entendre qu'il devait y avoir quelque chose de pas normal dans la machine avant qu'elle ne l'emprunte (sinon elle aurait offert de payer tous les frais). Selon G, les frais de réparation se sont révélés astronomiques, et il a préféré s'acheter une autre calculatrice « pas chère, au cas où... » V, cependant, n'a plus jamais mentionné le partage des frais, n'a jamais demandé de nouvelles de la calculatrice blessée, rapporte G. Aux dernières nouvelles, G et V sont toujours amis.

Une variante de ce cas consiste à dire ce qu'on voulait faire, mais qu'on n'a pas fait, pour réparer un accident. Ainsi K à une amie dont elle a irréparablement taché une nappe blanche empruntée pour un repas de fête : « J'ai pensé à t'acheter une nappe pour remplacer la tienne, mais je ne savais pas trop ce que tu voulais », plusieurs années après l'accident. L'amie déclare n'avoir jamais été dédommagée, et que cela n'a en rien porté atteinte à leur amitié.

Il y a enfin certains cas où réparation a été faite. Les commentaires sont différents, cependant, selon qu'on parle à la personne qui a eu un « petit accident » et l'a réparé, ou à la personne qui a été « victime ». Il m'est arrivé d'entendre dire par la première, par exemple : « J'ai payé très cher pour faire nettoyer un tapis qui ne valait rien du tout » ; tandis que la deuxième (la victime) dont la voiture prêtée à des amis avait été emboutie et réparée, faisait le commentaire suivant : « Bien sûr, ils ont payé les réparations, mais la voiture est complètement foutue maintenant. »

On pourrait conclure de ce qui précède que les Français cassent tout et ne réparent ou ne remplacent rien. Certains Français le pensent et, par conséquent, « ne prêtent rien à personne », et « ne demandent rien à personne », parce qu'« on ne vous rend jamais rien dans l'état dans lequel vous l'avez prêté ». Comme nous le savons, « la fourmi n'est pas prêteuse », et « c'est là son moindre défaut ». Mais il y a évidemment beaucoup de Français qui n'ont pas cette attitude, comme le prouvent les cas d'accidents cités plus haut. Comment interpréter alors les diverses façons dont les acteurs traitent ces accidents ? Comme nous l'avons vu, ces réactions allaient de la blague-plaisanterie à la blague-reproche, et de la blague-reproche à l'accusation déguisée. Les offres de réparation étaient non faites, ou faites mais jamais réalisées, ou encore mentionnées comme une chose à laquelle on avait pensé, ou enfin faites et réalisées mais à la satisfaction de personne.

Autrement dit, quand il m'arrive un « petit » accident, ce n'est pas vraiment ma faute. C'est parce qu'un objet a été mal placé (je dirais presque sur mon passage), qu'une moquette est trop claire pour cacher les taches, qu'une machine est trop délicate pour fonctionner normalement, qu'un store dans une maison est une aberration... En fait, j'ai agi en toute innocence et rien ne serait arrivé si les autres avaient correctement joué leur rôle. Parce qu'il devient clair qu'en plaisantant et en « prenant la chose à la légère », je rends la responsabilité à qui de droit, à la personne qui a commis l'erreur de mal placer son tableau, de choisir une couleur insensée pour une moquette, d'acheter une calculatrice trop compliquée... et qui a surtout commis l'erreur de ne pas protéger correctement son bien si elle y tenait tant.

En poussant jusqu'au bout cette logique, je dirai qu'en m'invitant, X prend le risque de voir son cristal se casser s'il le sort (« un accident est si vite arrivé »), et qu'en me prêtant un objet, il devrait me prévenir de sa fragilité. En fait, il ne devrait pas me prêter ou mettre à ma portée quelque chose de fragile, et certainement pas une chose à laquelle il tient beaucoup. S'il le fait, c'est évidemment X qui devrait assumer la responsabilité ultime de l'accident. De même, si j'offre de réparer, si je propose de payer les dégâts (« Tu me diras combien je te dois »), j'ai fait ce qu'il fallait, j'ai rempli mon devoir ; c'est à lui de me réclamer la somme nécessaire au moment voulu puisque « je lui ai dit que je le ferais ». Ainsi, je force l'autre à prendre responsabilité de certains de mes actes, et, ce faisant, je propose ou réaffirme un lien. Si l'autre refuse ce lien, il ne m'invitera plus, ou ne me prêtera plus rien. Et cela arrive. Mais si l'autre accepte le lien, il le renforce en lui donnant plus de valeur qu'à l'objet abîmé, si précieux qu'il soit. D'où le « Laisse, ça n'a pas d'importance » qui fait disparaître l'accident. Et comme nous honorons plus ou moins le même code tacitement, nous avons chacun l'occasion d'être tantôt victime, tantôt auteur d'un accident, nous liant ainsi les uns aux autres et affirmant, parfois contre notre gré, l'importance de ces liens.

Un Américain, est-il besoin de le dire, serait totalement dérouté par une telle conduite. C'est, en fait, ce genre de conduite qui provoque les appels à l'aide de *Dear Abby* cités au début de cet essai. Voyons donc quelques cas américains, tels qu'on me les a rapportés.

« Si je prête ma voiture à X, le minimum auquel je puisse m'attendre, c'est qu'il y aura mis de l'essence, plus que ce qu'il aura consommé, avant de me la rendre. Si je lui prête ma voiture pour une période de temps assez longue, il se fera un point d'honneur de me la rendre dans un meilleur état que quand il l'a empruntée (lavée, astiquée, aspirée, etc.), et cela pas pour me donner une leçon sur ma négligence, mais pour me repayer, en quelque sorte, de ma générosité. Il se tiendra responsable de toutes les réparations nécessaires, je l'en tiendrai de même (sauf si c'est un vieux tacot, auquel cas je refuserai de le lui prêter pour lui éviter des frais bien prévisibles, mais difficiles à départager). »

A un dîner élégant, J brise un verre de cristal. Elle demande à l'hôtesse de lui confier un verre du même service pour qu'elle puisse trouver un remplaçant parfait. L'hôtesse s'exécute.

P, quatorze ou quinze ans, rejoint un groupe de camarades chez D. Ils vont faire du basket sur le terrain de l'école, reviennent, fatigués du match, chez D, dont la mère les retient à déjeuner. P, attiré sans savoir pourquoi par une carafe sur un buffet, en soulève le bouchon, qui lui échappe des mains, retombe sur la carafe et l'ébrèche. P confus demande pardon de sa maladresse à la mère de D, et sans hésiter offre de remplacer la carafe. P a aujourd'hui plus de quarante ans. Il se rappelle la scène très clairement cependant, se rappelle qu'au moment même où il faisait l'offre de remplacement, il savait qu'il n'avait pas, mais trouverait, l'argent nécessaire, et se rappelle aussi que la mère de D lui avait laissé une porte de sortie (« *I'll let you know when I find one* »), mais non sans avoir marqué le coup et regretté l'accident. C'est-à-dire que, selon lui, la mère de D voulait bien être généreuse, mais sans pour cela diminuer la responsabilité de P.

Dîner d'amis. M renverse un verre de vin. Sa femme se

précipite pour éponger, va à la cuisine chercher, très vite, ce qu'il faut, bref fait tout pour réparer l'accident. M remercie sa femme d'un air reconnaissant, et s'excuse d'être aussi maladroit. Note : dans ce cas, si c'est sa femme qui répare la maladresse de M, c'est parce qu'elle forme un couple avec M et, dans cette mesure, partage avec lui la responsabilité de l'accident, la fait sienne. Cela n'élimine pas la possibilité d'habitudes « sexistes » de tel ou tel couple, mais donne au geste une signification plus profonde, comme le prouve le fait que l'inverse est tout aussi possible : L renverse du vin, son mari essaye de réparer les dégâts (voir essai sur le couple).

Soirée très décontractée. Des invités sont assis sur la moquette, leurs boissons à côté d'eux, sur la moquette aussi. Un accident est vite arrivé. N renverse un jus de tomate. Mêmes efforts pour nettoyer le mieux et le plus vite possible. N demande si les hôtes ont une mousse détachante pour moquette. Réponse négative, N offre de rembourser les frais de nettoyage. Merci, non, nous nous en occuperons (« *Thanks, but don't worry, we'll take care of it, no problem* »). La question semble réglée. Pourtant, plus tard dans la soirée, à plusieurs occasions, N refera allusion à sa maladresse (« *Don't give it to me, you know how klutsy I am* », « *Oh God, this stain is looking at me* », « *I feel so bad, such a beautiful carpet* »...).

Réunion, chez une de mes voisines, des membres de l'association des habitants de notre « block » (une rue, quelques pâtés de maisons). Le canapé et les fauteuils sont recouverts de housses en plastique transparent, les meubles ont des napperons pour protéger le bois, la table est couverte d'une toile cirée. Le café et les petits gâteaux sont servis dans des gobelets et des assiettes en papier. Tout le monde est très détendu, aucune possibilité d'accident irréparable, tout a été prévu.

Autre réunion, chez un collègue, dans une maison beaucoup plus huppée. C, qui s'apprête à poser son verre de vin blanc sur la table basse en face de nous, arrête son geste à mi-chemin et demande à notre hôte si le bois de la table (moderne, élégante) est de type traité, « protégé ». Malgré la réponse affirmative de l'hôte, un collègue fait passer à C une petite soucoupe de bois réservée à cet usage, et dont il y a une petite pile discrètement placée sur une petite table non loin du collègue secoureur. Le verre de vin frais ne laissera aucune trace d'humidité.

La liste des cas pourrait s'allonger indéfiniment. Ceux que j'ai cités suffisent cependant à illustrer les règles implicites qui régissent les échanges interpersonnels américains en cas de « petit » accident. Je les résumerai ainsi :

1. Si j'emprunte un objet à quelqu'un je me dois de le rapporter exactement dans l'état où il m'a été prêté. Si c'est une machine qui tombe en panne entre mes mains, je me dois de la faire réparer de manière à faire disparaître toute trace d'accident (non pour dissimuler l'accident, que je me dois de signaler, mais pour ramener l'objet à sa condition d'avant l'accident).

2. Si l'accident est irréparable, je me dois de remplacer l'objet par un objet identique, quelles que soient les recherches que cela représente, et le temps que cela me prenne. Je peux, à la rigueur, demander au propriétaire de l'objet où il a acheté le sien. Je ne dois pas remplacer l'objet par « son équivalent », ce qui me ferait balayer comme sans importance toutes les raisons pour lesquelles le (la) propriétaire a fait son choix en l'achetant, ou le sens que tel objet a pris pour son propriétaire. Je ne dois pas, non plus, remplacer l'objet par un autre semblable (un verre par un verre, par exemple) mais plus cher, ou moins cher, parce que dans les deux cas, je suggérerais

par ce geste que seule compte à mes yeux la valeur marchande de l'objet.

3. Si j'ai un accident chez quelqu'un, la situation est encore plus délicate. Si j'ai abîmé tant soit peu un objet de valeur (objet d'art, objet de valeur sentimentale, etc.), je me dois d'être très contrit(e) de ma maladresse sans me trouver aucune excuse ; je me dois d'offrir immédiatement d'emporter l'objet et de le faire réparer (en montrant que je sais où aller et que je ne vais pas aggraver les dégâts en le confiant à des incapables) ; je me dois d'insister pour qu'on me permette de le faire, ne serait-ce que pour apaiser mes sentiments de culpabilité (« *I feel so bad. I wouldn't be able to sleep* »). Si mon hôte ne veut pas me signifier la fin de notre relation, il me laissera emporter l'objet par gentillesse, pour me « libérer de ma dette » envers lui (« *To let me off the hook* »).

Si l'accident est de style courant et pas très grave, je me dois de tout faire pour réparer les dégâts sur-le-champ, mais je dois veiller à ne pas insulter mon hôte en offrant de remplacer un objet courant, ou de payer les frais de nettoyage pour une nappe, par exemple, parce qu'en le faisant, je suggérerais que selon moi il n'a pas les moyens de le faire. Dans ce cas, je montre que je prends l'accident au sérieux en y faisant plusieurs fois allusion, en m'accusant de maladresse, en me moquant de moi-même, bref en prenant la responsabilité totale de l'accident.

A un Français, tout cela pourrait paraître bien bizarre, sinon « lourd ». Pourquoi tant insister ? Pourquoi tout ce « cinéma » ? Encore un exemple de l'« hypocrisie » et du « puritanisme » américains ?

Rien de tout cela, bien entendu. Au contraire, bien que leur conduite soit totalement différente de celles des Français que j'ai cités (en fait, radicalement opposée), les Américains que j'ai mis sur scène exprimaient quelque chose de très proche, de très semblable au message donné par ces Français. En effet, quand je (américain(e)) emprunte un objet à X, je me lie à X ou je confirme un lien (je n'emprunte pas à n'importe qui). Le soin que j'accorderai à l'objet sera donc proportionnel à l'importance que je donne à la relation entre celui qui m'a confié cet objet et moi. De même, quand, par accident, je suis source de perturbation dans une maison que l'on m'a ouverte, mes réactions seront interprétées comme un commentaire que je fais consciemment sur le rapport entre mon hôte et moi. Si je fais mon possible pour la moquette, ce n'est pas par respect pour cette moquette en danger (parce que mon hôte et moi sommes « matérialistes » parce que américains), mais par respect pour mon hôte. En d'autres termes, notre relation ne présuppose pas une sorte de « résistance aux épreuves » (comme cela serait le cas dans le contexte français), elle présuppose un pacte tacite entre prêteur et emprunteur, hôte et invité de conserver un équilibre sans lequel toute relation de cette sorte devient impossible. En effet, si je fais peu de cas de ce qui appartient à X et qu'il a mis à ma portée ou disposition (me faisant ainsi confiance), X a le droit de se sentir blessé, méprisé, et de refuser tout autre rapport avec moi. L'attente de participation au pacte tacite est tellement forte, cependant, que tout refus de ma part risque de laisser X désemparé, « ne sachant que faire », comme les correspondants de *Dear Abby* cités plus haut, parce que, en un sens, il n'est pas prévu, pour des Américains, que l'on puisse se conduire autrement qu'attendu (sans être un criminel, un goujat, ou autre sorte de personne avec qui X n'entrerait pas en relation).

Si mon « accident » est vraiment de taille et que X refuse de me permettre de me libérer, dans la mesure du possible, de ma dette, X transforme alors ce lien en entrave, et je n'ai aucune raison de vouloir maintenir une relation avec quelqu'un qui fait si peu cas de mes sentiments.

Dans de nombreuses circonstances, le malentendu interculturel naît du fait que des ressemblances de surface, des ressemblances de comportement cachent des différences profondes de signification. Il est intéressant de voir ici que l'inverse est aussi vrai.

Se renseigner

Un ethnologue américain (j'en connais beaucoup) résumait ainsi le sentiment de désorientation qui l'avait saisi au Japon, où il était allé pour la première fois, et dont il ne connaissait pas la langue : « J'étais dans un grand magasin de Tokyo, dans un véritable paradis de technologie qui faisait paraître les États-Unis comme un pays sous-développé, tenté d'acheter toutes sortes de choses. Mais j'étais complètement perdu, ne sachant pas un mot de japonais. Brusquement j'aperçois, au fond du magasin immense, un panneau sur lequel était écrit, en grandes lettres et en anglais, le mot " Renseignements ". Je me précipite. Et je découvre que tout le reste est écrit en japonais... »

J'ignore toujours pourquoi ce panneau était en anglais, et comment il fallait s'y prendre pour obtenir des renseignements dans ce grand magasin qui évidemment avait des attentions à l'égard des étrangers (du moins ceux de langue anglaise). Mais je suis persuadée qu'il y a une clé à cette contradiction apparente, parce que personnellement je connais maintenant au moins trois façons de se renseigner, chacune très différente de l'autre, selon la culture.

Ainsi, à Nukuoro, afficher en pleine vue toutes sortes de renseignements ne servait strictement à rien. Nous avions une radio, pouvions donc communiquer avec l'extérieur, et ainsi apprendre la date exacte de l'arrivée du bateau, seul

163

lien de l'île avec le reste du monde. Sur le mur extérieur de notre « véranda », en plein centre du village, nous mettions une petite affiche contenant tous les renseignements nécessaires sur l'arrivée prévue du bateau en question. Ces renseignements étaient écrits dans la langue du pays, le nukuoro. Nous avions décidé de faire cet affichage pour que tout le monde dans le village puisse avoir les renseignements exacts (le bateau ne passant que quelques heures dans le lagon tous les deux mois, il était très important de pouvoir prévoir), et aussi pour éviter d'avoir à répéter constamment la même petite histoire. Peine perdue. Les gens s'arrêtaient devant l'affiche, la lisaient à haute voix, puis nous interpellaient pour vérifier que le bateau venait bien... Nous avons très vite abandonné cette méthode, ayant compris que la valeur d'un renseignement, dans ce contexte, n'était en rien factuelle mais personnelle.

Aux États-Unis, si l'on veut un renseignement quelconque, on décroche le téléphone et on s'adresse directement à l'agence qui pourrait fournir tel renseignement voulu ou, si l'on ne sait pas à qui s'adresser, on demande à divers organismes faits pour cela à qui l'on doit s'adresser pour tel ou tel renseignement. Faute de mieux, on peut toujours demander qui appeler à la (ou au) standardiste, ou encore au journal local ou même à la police. En général, la réponse sera donnée avec amabilité. Si la personne interrogée ne sait pas la réponse, elle suggérera d'autres possibilités, d'autres numéros de téléphone à appeler. Le slogan de l'annuaire est, aux États-Unis, « *Let your fingers do the walking* », c'est-à-dire : « Confiez vos démarches à vos doigts (qui cherchent les numéros) plutôt qu'à vos jambes. » Et il n'est pas rare de s'entendre dire, dans un magasin par exemple : « Nous n'en avons plus, mais vous avez des chances d'en trouver chez Y (concurrent), ou peut-être, à la rigueur, chez X ; autrement je ne vois pas qui pourrait en avoir. »

Ce système paraît très simple aux Américains, et pourtant

les Français qui non seulement visitent les États-Unis mais y vivent, même longtemps, ont du mal à s'y habituer. Il ne s'agit, cependant, ni de problèmes linguistiques ni d'attitude à l'égard du téléphone (voir essai sur le téléphone), ou, du moins, pas uniquement. Il semble plutôt que les Français se sentent « écrasés » par la « montagne » de renseignements « que l'on vous donne pour la moindre question », ou ne puissent concevoir qu'on les renseigne sur des « concurrents ».

Les Américains se disent complètement déroutés ou dépassés par le système français, « se résignent à perdre des heures pour obtenir le moindre renseignement », rentrent chez eux pleins d'histoires à raconter *(horror stories)* sur les jours où ils ont dû « courir d'un bureau à l'autre sans jamais pouvoir obtenir de réponse satisfaisante ». Il est clair, je crois, qu'il ne s'agit pas, tout « simplement », de renseignements.

Je suis toujours frappée, aux États-Unis, par l'abondance de plans détaillés, imprimés, photocopiés, faits à la main, qui accompagnent souvent une invitation (j'en ai un sous les yeux, fait de façon assez rudimentaire, qui accompagne une élégante invitation à un mariage). Ainsi, pour me rendre chez Jerry, chez qui je ne suis jamais allée, il me suffit d'avoir son adresse et de suivre le plan qu'il m'a donné, ou parfois même de suivre la ligne de couleur qui me mènera à sa porte et que Jerry aura tracée sur le plan à mon intention.

A l'hôpital, un réseau de lignes de toutes les couleurs sur le parquet me mènera, à travers ailes et bâtiments, à tel ou tel service de mon choix, sans erreur possible. Où que j'aille, je suis sûre de trouver un plan d'une sorte ou d'une autre. A défaut de me faire un plan (au téléphone, par exemple), on me donnera des directions très précises (« Vous venez en voiture ? D'où viendrez-vous ? Bon, alors, faites deux kilomètres dans la direction sud, au troisième feu après la 5e Rue, tournez à droite, continuez vers l'ouest pendant au moins trois kilomètres, vous verrez, vous arriverez alors à une bifurcation, restez sur la droite, tournez à gauche à la 4ᵉ Rue, vous verrez deux maisons blanches et une moutarde ; nous sommes juste en face de la maison moutarde»). Cela suppose que celui qui me parle et moi avons un plan en tête, sur lequel nous faisons mentalement le même tracé. J'ai finalement appris, par pure nécessité et après des années d'entraînement, à donner mon adresse « à l'américaine » : notre maison est au coin nord-ouest du carrefour de Madison et First *(« We are on the north-west corner of First and Madison »)*. Encore aujourd'hui, je souris intérieurement chaque fois que je m'entends dire cela. Et si je veux provoquer un sourire d'incompréhension ou de surprise, je n'ai qu'à donner les mêmes directions à un copain français. Si je tiens à ce que le copain trouve ma maison, j'ai alors intérêt à ajouter : « En venant du campus, vous descendez Madison jusqu'à First ; vous traversez First, c'est la maison du coin à droite.» Je sais que je ne suis pas seule à faire cette petite gymnastique, cependant, d'où cet essai.

Quand je (français) vais à la poste américaine pour savoir comment expédier mes paquets, on me donne la réponse pour tous les cas possibles, même ceux que je n'envisage pas, avec toutes sortes de renseignements sur les tarifs spéciaux, les moyens les plus rapides, les moins chers, les inutiles (« Vous n'avez pas intérêt à les envoyer comme ceci, ça prend le même temps et ça coûte plus cher que comme cela»). Bien sûr, ce n'est pas parce que je suis français qu'on me donne ces réponses, mais c'est parce que je suis français que je suis frappé (et un peu affolé) par ce véritable déluge de renseignements, ce dédale dans lequel je suis censé me retrouver. Et cette sorte de vertige me reprend un peu partout, que j'aille me renseigner sur les locations de voitures, sur les départs des trains, sur les différentes sortes de moquette, de pneus, d'ordinateurs ou de tournevis, ou sur les parfums de crèmes glacées.

En d'autres termes, quand, américain(e), je demande un renseignement, je m'attends à un éventail de possibilités parmi lesquelles je ferai un choix, tout comme je trouve mon chemin sur un plan ou une carte. Quand j'entre dans un magasin, je veux avoir la liberté d'en faire le tour à mon gré, de prendre le temps de tout voir en paix *(« I am just looking »)*. Je me tournerai vers le vendeur quand j'aurai besoin de renseignements supplémentaires, ou d'être servi. De même, dans la rue, si je dois demander mon chemin à des passants, c'est que j'ai involontairement brouillé les pistes en prenant un mauvais tournant, ou parce que je suis arrivé à un endroit peu familier ou inattendu, bref, que je me suis égaré. Aussi de nombreux Américains se font-ils un point d'honneur de n'avoir jamais à demander leur chemin, de pouvoir toujours « se débrouiller tout seuls », ce qui explique que cela leur importe peu, dans ces circonstances, d'avoir l'air « touriste » en dépliant un plan dans la rue. Si je dois demander mon chemin, je me tournerai vers n'importe qui, parce qu'il y a seulement deux possibilités dans mon esprit : ou la personne ne sait pas, et elle me le dira tout simplement *(« Sorry, I don't know »),* ou elle sait, et alors elle me donnera des directions aussi précises que n'importe qui d'autre. Si je ne veux pas de « gaspillage », je m'adresserai à quelqu'un du décor (en train de nettoyer sa pelouse, ou dans une boutique, par exemple) plutôt qu'à un passant. De même, pour toute autre sorte de renseignements dont j'aurai besoin, je m'adresserai directement au bureau que je juge le plus qualifié pour me répondre, plutôt qu'à mon frère, ma femme ou mon voisin.

Que fait un(e) Français(e) pour obtenir un renseignement ? Il me semble que le premier mouvement est de se tourner vers l'autre, de demander à quelqu'un d'autre. Ainsi, par exemple, quand il s'agit de trouver une adresse, un Français n'hésitera pas (à moins d'être très timide, et encore) à demander son chemin à plusieurs personnes successives aussi bien qu'à l'agent de la circulation. Il mettra même un point d'honneur à ne pas être surpris un plan à la main, « comme un touriste ». Et si les directions sont très compliquées et les explications très longues, il va, en quelque sorte, diviser son chemin en tronçons, et ne s'occuper que d'un tronçon à la fois, s'adressant ainsi à plusieurs passants l'un après l'autre.

Avant d'essayer d'interpréter cela, je voudrais citer plusieurs cas que l'on m'a rapportés.

« Je vais rentrer en France pour une visite d'un mois environ. M vient de passer un an aux États-Unis, rentre définitivement, mais seulement après l'été. Nous sommes en avril. M me demande si je peux emporter dans ma valise un gros manteau d'hiver dont elle n'aura plus besoin jusqu'à l'hiver prochain à Paris. Comme elle n'a pas d'adresse à Paris, il me faudrait déposer le manteau chez son frère, dans la proche banlieue de Paris. Le manteau à lui seul remplirait l'unique valise que j'ai l'intention d'emporter pour un mois de vacances. Je lui demande donc pourquoi elle n'enverrait pas le manteau par la poste, par bateau puisque ce n'est pas urgent, et directement chez son frère. Réponse : " J'ai peur que ce soit trop cher par la poste. Tu vois, J a envoyé un tout petit paquet à son mari à Paris, et ça lui a coûté les yeux de la tête. " " Mais elle l'a envoyé comment, ce livre, par avion ? en recommandé ? " " Ah, en effet, je ne sais pas, ça a dû être par avion parce que je sais que c'était urgent. " " Écoute, appelle la poste, ils te donneront tous les renseignements dont tu as besoin, et si ça te pose des problèmes, j'emporterai ton manteau. " M, qui est pourtant très intelligente, n'y avait " simplement pas pensé ". Elle est allée se renseigner à la poste, a découvert que ce n'était " pas cher du tout ", et a décidé d'envoyer toutes sortes d'autres choses dont elle n'aurait pas besoin avant son retour à Paris. » (C'est une Française qui parle.)

« L, qui ne savait pas quel serait le meilleur moyen de renvoyer tous ses bagages en France, s'obstinait à me poser des questions auxquelles j'étais totalement incapable de répondre. J'ai finalement passé tout un après-midi au téléphone, avec elle auprès de moi, à rassembler pour elle tous les renseignements qu'elle voulait. La situation était d'autant plus intéressante qu'il n'y avait aucun problème linguistique (L était au contraire très fière de son anglais et se prenait souvent à parler anglais même aux Français), ni timidité de sa part. Il me fallait, de plus, constamment lui demander la réponse aux questions qu'on me posait au bout du fil (date d'expédition, poids, etc.). Au cours de cet après-midi, L s'est souvent excusée de " me faire perdre mon temps ". » (C'est un Français qui parle.)

« R (Français) m'a réveillé à 6 heures du matin. Il devait venir à Boston pour trois semaines (en janvier), avait un long week-end de libre et voulait savoir où il pourrait aller se reposer trois jours au soleil dans un endroit intéressant. Il a dit qu'il me rappellerait deux jours plus tard. J'ai donc passé pas mal de temps à appeler des agences et des compagnies aériennes, et, quand R m'a appelé, je lui ai donné tous les renseignements que j'avais obtenus. Il me posait chaque fois la même question : " Tu connais ? Qu'est-ce qu'il y a d'intéressant à faire là-bas ? parce que je dois me reposer, mais je n'ai pas envie de perdre mon seul week-end de libre à me morfondre dans un endroit perdu. " Finalement, je lui ai dit : " Écoute, va à XX, je ne connais pas, mais d'après ce que l'on m'a dit, tu ne regretteras pas. " En fait, il a fini par rester à Boston. » (Un ami français de R, et qui vit depuis quelque temps aux États-Unis.)

Il est possible que ces situations aient été provoquées par le contexte étranger, par une certaine insécurité ou ignorance due à ce contexte. Elles me paraissent cependant s'inscrire dans une série de cas semblables, où le besoin de se tourner vers l'autre ne peut être expliqué par l'incompétence qu'on peut ressentir à l'étranger. Elles relèvent plutôt de la demande de renseignements dans la rue dont j'ai parlé plus haut.

Il semble qu'il y ait tout un système de gradation implicite qui désignerait la personne à qui demander un renseignement selon les cas. Ainsi, je dirais que je préférerai une personne à un plan, ou à un indicateur que j'aurais à consulter seul. Il n'est qu'à jeter un coup d'œil aux guichets des renseignements, dans les gares au moment des vacances. A la gare Montparnasse à Paris, par exemple, il y a plus d'un système de renseignements : dans le hall, horaires tournants au mur, piles d'horaires imprimés gratuits rangés par ordre alphabétique, indicateurs en vente dans les bureaux de tabac ; dans la salle des réservations et renseignements, indicateurs et horaires imprimés à la disposition du public, dépliants sur toutes sortes d'éventualités (voyages de groupes, tarifs spéciaux, transport de voiture, etc.), en plus des guichets. Le système de numéros d'appel (et donc d'attente) et de guichets spécialisés peut être très lent. Tout cela ne semble pas décourager une foule de gens qui attendent patiemment leur tour, leur numéro à la main. Et le guichet des renseignements généraux est pris d'assaut. Très peu de personnes consultent les indicateurs, horaires, réseaux, mis à la disposition du public (et donc à consulter tout seul). Souvent on vient simplement vérifier, auprès de ceux qui savent officiellement, ce que l'on savait déjà.

Il semble donc, a priori, qu'on ne se fasse pas tout à fait confiance quand il s'agit de trouver soi-même le renseignement dont on a besoin. On ne se fie pas totalement, non plus, aux préposés aux renseignements, parce qu'ils « se trompent tout le temps », « répondent n'importe quoi pour se débarrasser des gens », ou encore « n'aiment pas qu'on les embête ». D'ailleurs, pour vous renseigner, ils ont eux-mêmes besoin que vous leur donniez des renseignements précis : « Je veux aller tel jour, à telle heure, à tel endroit. » « Ah, je regrette, mais il n'y a pas de train à cette heure-là », et que vous proposiez vous-même les alternatives que vous êtes prêt à considérer (« Et le lendemain matin, y'a pas de train non plus ? » « Ah si, là vous en avez même deux »). Mais, en cas de force majeure (un voyage qui sort de la routine), il faut bien s'adresser à ces spécialistes.

A qui donc préfère-t-on s'adresser ? Selon mes observations, un(e) Française(e) préfère se tourner vers une personne plutôt que vers un imprimé ou un guide, mais aussi vers une personne connue plutôt que vers un inconnu. En effet, si je suis dans la rue avec un camarade, que je ne connais pas mon chemin mais qu'il « croit savoir », j'aurai tendance à suivre mon camarade jusqu'à ce que la fatigue née de la nécessité de rebrousser chemin, ou l'inquiétude née de son air indécis, me pousse à demander mon chemin à un inconnu au lieu de continuer à répéter mes « Tu es sûr ? », « Mais où tu nous mènes comme ça ? » Mieux je connais la personne en question, plus notre relation est forte, plus je lui ferai confiance, à moins qu'il soit déjà établi, « de notoriété publique », que telle personne « ne sait jamais rien », « est toujours dans la lune », ou « n'a aucun sens des directions ».

Cette tendance à se tourner vers l'autre, je l'ai aussi souvent vérifiée dans le voisinage des distributeurs automatiques et autres « machines ». Toujours à la gare, il n'est pas rare de voir la petite scène suivante : quelqu'un fait face au distributeur automatique de tickets, ne sait pas le faire fonctionner, mais ne demande pas directement à la personne qui attend son tour d'utiliser la machine de l'aider. Il dira plutôt à haute voix, comme s'il parlait à la machine : « Mais comment ça marche, ces machins-là ? », faisant ainsi indirectement appel à la personne à côté qui, à ce moment-là, se permet d'intervenir (le faire sans y être invité, même indirectement, serait une intrusion). Je me rappelle, à ce sujet, avoir assisté à une scène merveilleusement absurde, il y a quelques années, dans la rue principale de La Rochelle. Un petit attroupement, devant un distributeur de billets de banque, a attiré mon attention, et je me suis rapprochée, à l'affût. Au centre, une femme d'une soixantaine d'années essaie, sans succès, de retirer de l'argent. Plusieurs personnes, à tour de rôle, essaient de l'aider, prennent la carte, et posent cette question que je ne suis pas près d'oublier : « C'était quoi, votre code secret ? » Et la dame de répondre, et la carte de passer de main en main, dans une innocence justifiée qui me remplissait de nostalgie.

De la même façon, un(e) Français(e), à l'encontre des Américains, a souvent une certaine répugnance à lire le mode d'emploi qui accompagne une nouvelle acquisition, et aime mieux demander à quelqu'un de proche « s'il sait comment ça marche ». On peut même en arriver à l'extrême du : « Je viens d'acheter un(e)... comme le (la) tien(ne), tu viendras me montrer comment ça marche. » Il y a d'ailleurs souvent un membre de la famille (pas forcément parmi les adultes) qui se découvre un goût original pour les modes d'emploi, et vers lequel les autres se tournent (« Demande donc à Jeannot, tu sais bien que moi j'y connais rien »).

Ce qui précède suggère que quand, français(e), je demande un renseignement, j'effectue, en quelque sorte, une délégation de pouvoir. Je m'en remets, temporairement, à l'autre, je me mets entre ses mains, je m'engage à suivre ses directives. Aussi ne demanderai-je pas à n'importe qui.

J'aimerai mieux le face-à-face que le téléphone (qui inspire moins confiance, puisque je ne vois pas à qui je parle). Dans la rue, je préférerai un agent de la circulation (quelqu'un à qui on doit faire confiance) et, faute d'agent, « quelqu'un qui inspire confiance », c'est-à-dire quelqu'un que j'aurai très vite jugé (allure, âge, vêtements) digne de confiance. A ceux-là, je préférerai quelqu'un en qui j'ai déjà confiance (qui, par exemple, m'accompagne, ou m'a renseigné auparavant). Je peux ainsi aller jusqu'à la limite, la confiance aveugle, où je refuse de croire que la personne qui m'a donné le renseignement se soit trompée, quitte à refaire trente-six fois le tour du même pâté de maisons sans succès (« Mais, je n'comprends pas, ça devrait être là »).

Ce qui veut dire qu'en demandant un renseignement à quelqu'un j'entre, en fait, dans un système d'échange dont nous connaissons, la personne à qui je m'adresse et moi, implicitement, les règles. En lui posant ma question, je la choisis, elle devient, même pour un moment très bref, l'élue, une personne spéciale. A la limite, je lui fais l'honneur de m'adresser à elle, puisque je ne fais pas confiance ainsi à n'importe qui. En demandant un renseignement, je pose l'existence d'une relation. En échange, la personne interrogée fera « tout ce qu'elle peut » pour répondre, c'est-à-dire pour mériter ma confiance. Cela peut ainsi parfois mener à une véritable chaîne humaine : si X, à qui je viens de demander un renseignement, ne sait pas la réponse, X ne me dira pas simplement : « Je ne sais pas », mais, plus fréquemment : « Je ne sais pas, mais attends, je vais demander à Y qui doit savoir. » Y demandera à Z, et ainsi de suite ; et je peux regretter d'avoir posé la question, mais je dois rester sur place à attendre le retour de la réponse, même si cela finit par prendre beaucoup trop de temps (cela m'est arrivé dans le bureau d'un collègue de fac à Paris). Dans la rue, il peut ainsi arriver que la personne à qui je demande un renseignement en arrête une autre à son tour. De même, dans une boutique, la question peut se trouver répercutée et même disparaître dans l'arrière-boutique, auquel cas ce serait très mal vu que je disparaisse sans plus attendre ma réponse, après avoir mis en branle un système que je devrais assez bien connaître pour ne pas y faire appel si je n'ai pas l'intention de le respecter.

173

Si la personne interrogée refuse tout échange, elle répondra « je ne sais pas » et, dans ce cas, à moins qu'elle n'ajoute toutes sortes d'excuses (« Je suis désolé », « Je ne suis pas du coin »), j'aurai tendance à considérer cela un peu comme un rejet de mes avances, à être pris de court. Si au contraire la personne essaie de répondre, elle s'engage à remplir le rôle que je lui ai confié, et qui consiste à me « prendre en charge », « s'occuper de moi », ne serait-ce que pour un instant. Cela explique que dans un bureau, à la poste ou à la banque, par exemple, deux personnes qui demandent le même renseignement puissent être traitées différemment : bien qu'à la surface la situation semble identique, chacune des deux personnes a communiqué quelque chose de différent par sa façon de poser la question (ton de la voix, regard, etc.) et de s'en remettre ou pas à l'autre (d'où les difficultés des étrangers).

Mais l'échange ne s'arrête pas là. Quand une personne me donne le renseignement que je lui ai demandé, je m'engage à mon tour à respecter la règle implicite, qui est d'adopter ce renseignement comme vrai, même s'il m'a l'air un peu bizarre. Ainsi, dans la rue, je dois marcher, au moins un petit bout de temps, dans la direction que l'on vient de m'indiquer, ou alors je me dois de jouer un petit jeu quelconque (m'arrêter longuement devant une vitrine, faire un geste qui indique que j'ai oublié quelque chose ou que je me suis trompé...), pour montrer que si je ne suis pas immédiatement toutes les directives, c'est pour une bonne raison dont je suis seul responsable. Sinon je risque de vexer la personne interrogée (et de violer l'accord implicite), et même parfois je risque de retenir dans son rôle de responsable la personne interrogée, plus longtemps que je ne devrais. En effet, si je ne tourne pas tout de suite à droite, comme on m'a dit de le faire, mais continue tout droit, il est possible qu'une voix derrière moi me rappelle à l'ordre, ou même qu'on me coure après pour corriger mon erreur.

Cette obligation de jouer un rôle dans ce système d'échange peut en arriver à pousser certaines personnes à donner un renseignement même si elles ne sont pas qualifiées pour le faire, signifiant ainsi qu'à la limite, il est plus important de répondre (et donc d'accepter la relation proposée) que de répondre correctement. Cette situation a une implication très importante pour la personne qui demande le renseignement : dès qu'elle s'est tournée vers l'autre, elle n'est plus seule responsable, elle a, en quelque sorte, délégué à l'autre sa responsabilité et, par conséquent, la responsabilité de ses actions. Si je me trompe donc, que je commets une erreur, la faute en incombe à l'autre qui m'a « mal renseigné ». Ce qui explique qu'on puisse entendre, comme une excuse valable, et dans toutes sortes de contextes : « On m'a mal renseigné », « On m'a dit que », « On ne m'a pas dit que », etc.

Dans les relations interpersonnelles, cela peut prendre la forme de : « Tu m'avais dit que... de... », qui devrait indiquer à l'autre combien je lui fais confiance, mais qui peut sembler rejeter la responsabilité de mon erreur sur l'autre. Un(e) Américain(e) l'interpréterait ainsi, le prendrait comme une accusation, un reproche. Ce qui permet cependant de rejeter l'interprétation du reproche, de séparer ce cas du reproche (« Tu vois ce que tu m'as fait faire »), c'est que « Tu m'avais dit que... » peut aussi bien précéder une confirmation (tu avais bien raison), ou même une expression de gratitude (si je ne t'avais pas écouté...). Dans cette perspective, on peut alors comprendre la connotation négative, en français, d'une phrase comme : « Toi, tu n'as besoin de personne. »

Aux États-Unis, où la *self-sufficiency* est prisée, « n'avoir besoin de personne » est un but très souhaitable. En français, par contre, elle prend couleur de reproche. Ce qui est sous-entendu, en effet, est le reproche de ne donner à personne

175

l'occasion de rendre service. En d'autres termes, admettre, en demandant un service ou un renseignement par exemple, le besoin de l'autre, c'est donner un sens à l'existence de l'autre, poser l'importance de son existence.

Je peux ainsi dire, si je pousse la logique jusqu'au bout, qu'en demandant un renseignement à quelqu'un, je lui donne l'occasion de me rendre service, et que donc quelqu'un à qui personne ne demande jamais rien, pas même un renseignement, a une bien triste existence parce que coupée (sous-entendu « volontairement ») des autres.

On peut voir ici comment la demande de service entre dans le même domaine que la demande de renseignement, et on peut alors s'expliquer maintenant la facilité avec laquelle un(e) Français(e) demande à un(e) autre de lui « rendre un petit service ». Je m'en rends compte de façon beaucoup plus claire depuis que je vis à l'étranger. De même que M, citée plus haut, n'avait pas trouvé incongru ou déplacé de demander à son amie d'emporter son gros manteau d'hiver dans sa valise de vacances, de même j'ai eu plusieurs fois l'occasion de vérifier que nous avons l'air de trouver très normal de demander ce genre de petit service. Et bien sûr, plus la personne est proche, famille ou amie, plus je la mets à contribution.

Ainsi, plutôt que d'envoyer une commande au libraire en France, quand je veux certains livres, je pense d'abord à demander à quelqu'un en France de me les envoyer (ce qui le force à aller les acheter, faire un paquet, aller à la poste dans un moment de libre pour les expédier, payer pour tous ces frais, et surtout à penser à tout cela).

De même, un étudiant-libraire à La Rochelle, où je n'étais que pour quelques semaines, m'a demandé très naturellement, la première fois que je suis entrée dans sa librairie et que nous avons parlé livres, de le renseigner, après mon retour aux États-Unis, sur ce qui sortait d'important dans toutes les matières, et de lui expédier certains de ces livres... Bien sûr, je ne l'ai jamais fait, et il a probablement oublié sa requête dès que j'ai quitté la librairie. Mais ce qui est important, c'est qu'il ait formulé une telle requête, et qu'il n'ait pas eu l'air de la trouver extraordinaire ou difficile à satisfaire.

J'ai aussi emporté, pour le frère d'un camarade, un paquet qu'il a dû venir chercher à Paris, n'y habitant pas. Des amis m'ont rapporté des livres, mon frère est mon délégué de recherches permanent. Alors qu'un Américain l'aurait mis à la poste, c'est par un de ses amis, qu'il devait rencontrer à un colloque et qui habite dans ma ville, qu'un de mes amis (français) m'a renvoyé un manuscrit (une photocopie, donc rien de précieux) que je lui avais moi-même rendu en mains propres.

Certaines demandes sont arrivées à la dernière minute avant un départ, exigeant des courses folles pour y satisfaire, parce que la première évidence, c'est qu'on ne remet pas en question ce genre de demande, alors qu'un Américain dirait : « Je suis désolé, je n'ai plus le temps », « Je regrette, mais ça m'est impossible », sans plus. A ce sujet, je me rappelle encore avec amusement la détresse d'un collègue qui venait de recevoir un coup de téléphone de sa mère (alors à Paris), la veille de son propre départ (pour Paris) : elle lui demandait de lui rapporter un tube de crème antisolaire avec paba, qu'on ne trouvait, à ce moment-là, « nulle part en France ». Il s'est tourné vers moi.

On s'exécute donc, même si on s'en plaint à d'autres, surtout si on les met à contribution, comme mon collègue avait été « forcé » de le faire par son ignorance des crèmes solaires. La force des liens qu'on établit ou maintient ainsi peut seule expliquer l'utilisation coûteuse, et pour certains évitée en toute autre occasion, du téléphone transatlantique pour ce genre de service. La personne à qui on demande un service fera tout son possible pour satisfaire à la demande (faire un grand détour, se charger, perdre beaucoup de temps, dépenser de l'argent), montrant ainsi sa disponibilité à l'égard de la personne qui demande (sous-entendu, « pas pour n'importe qui »).

On pourrait penser qu'il s'agit de cas spéciaux, de communications de pays à pays, et rendues nécessaires par les distances ou les manques. Mais la même situation est tout aussi courante en France, bien que moins facilement repérable. Les demandes ont peut-être alors un ton moins urgent : « La prochaine fois que tu y vas, tu pourras me rapporter ?... », « Si tu passes par là, ça t'embête de t'arrêter chez ?... », « Si tu es dans le coin, tu veux bien voir si ?... », et autres variantes. Elles n'en sont pas moins traitées avec le même sérieux.

Quand le petit service lui est rendu, le demandeur agit souvent, en échange, d'une manière qui étonne, et parfois bouleverse, les Américains. Ainsi, disons que je demande à X, un ami, de faire un petit détour et de « passer par la boulangerie » avant de venir chez moi où nous dînerons à plusieurs, simplement, « entre amis ». X s'exécute, arrive chez moi très en retard. Il s'excuse, s'explique : il s'est aperçu qu'il n'avait « plus un rond », a dû passer à la banque. Fermée. A donc utilisé le distributeur automatique, qui a avalé sa carte. Est alors allé chez « son » boulanger (qui le connaît et peut lui faire crédit), qui n'est pas exactement sur son chemin. Il achète le pain dont j'ai besoin, après avoir fait la queue parce que l'heure de la fermeture approche. Quand il ressort, trouve qu'il a reçu une contravention parce qu'il s'était mal garé dans son empressement. A ce récit mouvementé de X, il y a de fortes chances que je réponde quelque chose comme : « Mais fallait pas te donner tant de mal... Tu aurais dû laisser tomber, j'aurais fait du riz... » Suis-je en train de dire à X qu'il s'est « démené pour rien » ? Il est clair que X a fait toutes ces démarches parce que, en lui demandant ce service, je lui affirmais implicitement que je « comptais sur lui », et parce que, en le choisissant pour me rendre service, je suggérais la force du lien qui nous unissait et permettait une telle demande.

Dans ce cas, ma réponse du style : « Tu n'aurais pas dû » pourrait sembler cruelle, puisqu'elle aurait l'air d'annuler d'un seul coup tous ces efforts, et de leur refuser toute importance. J'ai donc l'air très ingrat ou totalement inconscient en disant cela. C'est ainsi que beaucoup d'Américains m'ont dit interpréter une telle réponse (et certains Français ont avoué que cela les « énervait terriblement »).

En fait, ma réponse a plusieurs sens possibles selon la façon dont j'ai demandé le service. Référence à cela est parfois faite dans la conversation qui suit l'explication de X. Ainsi, je pourrais dire : « Mais je t'avais bien dit " si tu passes par là " (ou " si tu y penses "), tu n'aurais pas dû te tracasser comme ça ! » Lire : « Tu as donné à ma demande des proportions que je ne voulais pas lui donner, tu es en train de transformer un simple petit service en une grosse dette, une obligation en disproportion avec la nature de la demande. » Mais si, comme je l'ai dit plus haut, X est mon ami, cette interprétation n'est vraisemblablement pas la bonne.

La phrase : « Tu n'aurais pas dû » n'indique pas que je suis en train de décharger mes responsabilités à l'égard de X, que je minimise ses efforts. Je suis plutôt en train de dire l'équivalent de : « Tu t'es donné beaucoup de mal, et me montres ainsi l'importance que tu donnes à notre relation ; je veux à mon tour te montrer la même chose, en donnant plus d'importance à ton bien-être et à ta présence qu'à l'équilibre d'un repas, l'absence ou présence de pain, ou les petits efforts que j'aurais à faire pour remplacer le pain. »

D'ailleurs, X comprend bien le message de : « Tu n'aurais pas dû », puisqu'il se dépêche de me rassurer en disant qu'il racontait tout cela seulement pour expliquer son retard (qui autrement pourrait être insultant), que surtout je ne m'en fasse pas, c'est entièrement sa faute, quelle idée de se retrouver comme ça, sans un rond... Et cela devient une « bonne histoire » de plus que nous partageons.

En d'autres termes, par notre échange, X par ses efforts, et moi par mes protestations, nous affirmons la même chose, la primauté de notre relation. Bien sûr, cela peut aisément servir de couverture ou de voile à une exploitation de l'autre. Mais ce cas ne m'intéresse pas ici, il relève de la psychologie, et non (ou du moins pas directement) de l'analyse culturelle.

Le sens que je donne à : « Tu n'aurais pas dû » (et autres phrases équivalentes) est confirmé par le fait que je me tournerai de nouveau vers X pour un autre service, et lui vers moi. (Soulignons, en passant, qu'il ne s'agit en rien du : « Oh ! Mon cher, vous n'auriez jamais dû » mondain qui accueille un cadeau rituel, et qui correspond parfaitement au « *You shouldn't have* » américain.)

S'il n'y a aucune relation préexistante, je ne suis pas en droit de demander, sauf pour établir, ce faisant, une relation. Je ne demande pas « comme ça, n'importe quoi à n'importe qui ». Et si je me trompe sur la nature d'une relation, ce qui me pousse à demander plus qu'elle ne le permet, la façon dont la personne me rendra (ou pas) ce « petit » service me le fera savoir. Je saurai alors si « je me suis trompé sur son compte ».

C'est seulement dans cette perspective qu'on peut facilement comprendre l'abondance des « petits services » que les Français se demandent l'un à l'autre, la fréquence des cas où on laisse des objets derrière (« Tu me les enverras », ce qui, une fois, s'est transformé en véritable déménagement que deux amis ont dû effectuer pour un ami commun), où l'on confie un paquet à l'un pour qu'il le remette à l'autre, où l'on appelle Y de l'autre bout du pays, pour lui demander d'appeler le bureau et de prévenir que l'avion aura du retard (alors qu'il est 8 heures du matin et qu'il serait aussi simple d'appeler le bureau directement), bref où la ligne directe entre le monde et moi passe par un troisième point que j'appellerai X.

Cet essai pourrait sembler contredire celui sur l'amitié, dans lequel je suggère qu'entre amis français le demandeur ne demande pas, mais l'ami propose. Ce n'est pas une contradiction cependant : ce sont les « petits services » que je n'hésite pas à demander, tout comme des renseignements. Mais quand il s'agit d'un « véritable » service, d'un service important, demander à mon ami de me le rendre serait l'équivalent de le lui imposer, puisque au nom de notre amitié, il ne peut pas refuser. J'attends alors qu'il propose.

Il est intéressant de remarquer que l'inverse est vrai pour un Américain. Il peut demander ce qu'il veut à son ami, qui peut refuser sans préjudice à leur amitié. Mais il ne demandera des renseignements dans la rue, ou des « petits services », que s'il ne peut faire autrement, pour ainsi dire en dernier recours. Pour cela, il a les bureaux spécialisés, l'habitude de lire les modes d'emploi, les guides touristiques, et tout un secteur de l'économie réservé à la création de de plus en plus de « services » parfois des plus originaux : pour une somme « raisonnable », je peux engager quelqu'un dont la spécialité est de réorganiser tout mon bureau, mes dossiers, mes paperasses ; je peux envoyer un *bellygram* à un ami pour son anniversaire (danse du ventre à domicile) ; je peux déposer en vrac toutes sortes d'objets à envelopper et expédier dans une *mail shop,* etc. Grâce à l'ordinateur, les sources de renseignements et de services frisent l'infini.

Ici encore, dans un domaine qui paraît des plus banals – la demande de renseignements –, Américains et Français ont des attentes profondément différentes. Si je pouvais résumer tout ce qui précède, je dirais que quand je demande un renseignement, je (américain) veut obtenir le plus de données possibles, que je combinerai comme je l'entends, tandis que je (français) préfère exprimer mes désirs, et que l'on me donne les renseignements qui me permettent de les satisfaire. Il devient alors clair que, dans le premier cas, j'ai besoin avant tout que les renseignements soient corrects, tandis que, dans le deuxième cas, j'ai besoin avant tout de quelqu'un sur qui compter.

Conclusion

Tout ce qui précède n'est qu'un début. Pourquoi donc s'arrêter ici, pourquoi et comment conclure ? Parce que ce livre n'a de sens qu'en tant qu'ouverture. Je ne l'ai écrit que pour qu'il soit une invitation à d'autres à s'engager dans ce chemin de la découverte d'autrui, à se lancer dans le dépistage fascinant des tortues, tout en sachant qu'elles reposent sur encore d'autres tortues.

Cela veut dire que, par définition, ce livre est incomplet, se veut incomplet, à supposer qu'il soit possible qu'il ne le soit pas.

En effet, pour que l'analyse culturelle soit efficace, pour qu'elle arrive à transformer la blessure en fascination de l'autre, elle ne doit pas être lue, elle doit être faite, pratiquée sans cesse ; elle doit devenir une deuxième nature, ce qui implique avant tout que je sois disposé(e) à me remettre en question, pas de façon définitive (« je » alors n'existerait plus), mais constamment, chaque fois que ma rencontre avec l'opaque, l'étranger, l'exige. Heureusement, la plupart du temps, ma culture s'accommode de l'autre culture, parce qu'il n'y a pas contradiction entre nos prémisses, mais coexistence pacifique, sinon identité. Cela veut dire que c'est seulement quand il y a choc, interférence de « naturels », opposition de nos « évidences invisibles », que nous devons, si nous voulons comprendre, prendre conscience du caractère relatif de nos vérités, en même temps que nous nous astreignons à entrer dans l'univers logique de l'autre par un effort énorme d'imagination.

L'expérience paraît, au premier abord, d'une simplicité rassurante. Jusqu'au moment où j'arrive à prendre pleinement conscience du fait que ce que je suis en train d'exiger de moi, c'est un exercice mental très complexe : en effet, pour comprendre l'autre par l'analyse culturelle, je dois, temporairement au moins, accepter que ma vérité est justement cela, « ma » vérité, c'est-à-dire qu'elle n'est pas absolue mais relative (c'est bien plus vite dit que fait); et, en même temps, je dois arriver à concevoir que le comportement « aberrant » qui justement me blesse (et m'incite à ma défense, au refus, à la condamnation de l'autre) puisse être informé (donc formé sur) par la vérité de l'étranger, de l'autre, c'est-à-dire ce qu'elle (il) considère non pas « sa » vérité, mais « la » vérité.

En d'autres termes, j'attends des lecteurs ou qu'ils rejettent cette sorte d'analyse en lui reprochant de ne pas être tout ce qu'elle n'est pas et ne prétend pas être, ou bien qu'ils s'engagent sur le chemin que ce livre veut ouvrir en revoyant leur propre expérience de malentendus interculturels à la lumière de cette sorte d'analyse. Auquel cas leur souci principal ne sera pas de « vérifier » la valeur de mes textes (sont-ils « représentatifs ? »), mais de confirmer, nuancer, enrichir, ou contredire les résultats de l'analyse, à la lumière d'autres textes soumis à la même sorte d'analyse, non pas pour montrer que j'ai raison ou tort (ce qui ne leur importerait pas, comme cela ne m'importe pas ici), mais pour confirmer ou infirmer la valeur de l'analyse culturelle comme méthode efficace de compréhension de l'étranger, comme pratique personnelle dans mes contacts avec l'étranger, l'opaque, le choquant, le blessant ; comme pratique nécessaire et urgente dans un monde sans frontières, où l'étranger est ma voisine, mon ami(e), mon amant(e), mon enfant.

Pour les premiers lecteurs, je ne peux qu'accepter l'échec de ma tentative de séduction. Je ne saurais les atteindre autrement. Pour les seconds, je n'aurai servi que de catalyseur. Ceux-là en effet cherchent depuis longtemps, sourdement peut-être, à comprendre, voyagent, installent l'ailleurs chez eux, apprivoisent la faille. Pour ceux-là, l'analyse culturelle sera un outil de valeur. Cet outil ne m'appartient pas, je ne fais que le retransmettre, avec un mode d'emploi.

A supposer cependant que je sois prêt(e) à m'exercer à l'analyse culturelle, cela éliminera-t-il pour cela les conflits et les malentendus ? Pourquoi serais-je responsable de l'effort de compréhension si l'autre ne le fait pas ? Cela ne veut-il pas dire que je cède à l'autre, que je renie ma propre culture ? Prendre conscience suffit-il à la résolution de conflits ? Est-ce l'équivalent de changer ? Dois-je m'efforcer de changer ? Pourquoi ? Que faire si je n'y arrive pas ?

Ces questions, et d'autres que je soulèverai plus tard, ne sont pas des questions vides, faites pour la forme. Elles m'ont été posées (parfois avec l'urgence du désespoir), je me les suis posées moi-même, et je les considère des questions très sérieuses. En effet, pourquoi changer ce qui me permet de fonctionner parfaitement dans ma propre culture ? Pourquoi risquer de m'aliéner de mes rapports homoculturels ?

La distinction entre l'analyse psychanalytique et l'analyse culturelle est importante à rappeler ici. En effet, le traitement psychiatrique et l'analyse psychanalytique devraient me permettre de réintégrer ma société, de me désaliéner de ma culture, d'apprendre ou de réapprendre mes prémisses culturelles sans les nommer, d'éliminer ce que je considère (ou que les autres considèrent) comme problématique dans mes rapports homoculturels.

L'analyse culturelle semblerait donc créer des problèmes

pour moi là où, justement, je n'en ai pas (ou je ne crois pas en avoir), dans mes rapports avec ceux de ma propre culture, ceux-là mêmes qui me comprennent « spontanément », qui partagent mon naturel. Et tout cela pour comprendre l'étranger ? N'y aurait-il pas déséquilibre et danger ? En d'autres termes, je veux bien, à la rigueur, aller chez une psychiatre si j'ai des problèmes, s'il y a « quelque chose qui ne va pas ». Mais me remettre en question quand je suis à l'aise dans ma peau, quand je ne souffre d'aucun trouble psychique, quand je suis chez moi comme un poisson dans l'eau, quand les « seules » difficultés dans mes rapports ne sont créées que par des étrangers qui « ne comprennent rien à rien », qui sont « mal élevés », « incultes », « insensibles », « têtus », « inadaptés », « inadaptables », etc. ? Comment garder mon identité et la perdre à la fois ? Au nom de quoi ?

Cette peur de se perdre un peu par cette sorte d'analyse, de changer involontairement et dans une direction inconnue est commune, qu'elle soit reconnue ou pas ; mais elle est surtout le fait des monoculturels. Il est possible, et c'est même le cas le plus fréquent, de vivre de longues années en pays étranger, de parler couramment une autre langue, mais de rester essentiellement monoculturel. Il est même possible d'être ethnologue et de rester (plus ou moins sourdement) monoculturel. Cela devrait être rassurant. En effet, ne se défait pas de sa culture qui veut. Je ne crois d'ailleurs pas que, même si je le voulais, je pourrais me défaire de mes prémisses culturelles, parce qu'il ne s'agit pas de changer ce en quoi je crois, mais de refabriquer ce que je suis indépendamment de ce que je me suis fait. Quels que soient mes efforts, je réagirai toujours de la manière qui m'est « naturelle ». D'ailleurs, dès que je ne fais pas « le guet », c'est exactement ce qui se passe (c'est « chassez le culturel, il revient au galop » qu'il faudrait dire).

De même que, quand j'apprends une autre langue, je ne

perds pas ma langue maternelle (bien que je puisse me « rouiller » un peu), de même, comprendre une autre culture ne peut en aucun cas me menacer, et me diminuer, faire disparaître ma culture. Mais cela peut me permettre, en prenant conscience de ma différence, d'accepter celle de l'autre et de m'en enrichir. Une mise en garde importante : si j'immigre dans un pays étranger, je peux m'adapter à ma culture d'adoption, mais mes prémisses culturelles ne changeront pas, bien que mon adaptation puisse s'exprimer par de grandes différences de surface (je reviendrai là-dessus). Mais, quels que soient mes efforts, je ne pourrai empêcher le métissage des prémisses culturelles de mes enfants, à moins de les élever entre quatre murs pour ainsi dire, sans aucun contact avec quiconque serait d'une autre culture (leur mère ou leur père par exemple). Dans ce cas, cependant, je ne pourrais quand même pas éviter que mes enfants aient des prémisses profondément différentes des miennes, puisque, autant que je sache, il n'existe pas de société (y compris donc celle d'où je viens) qui « naturellement » élève ainsi ses enfants. Mais, à moins de faire intervenir des arguments d'ordre moral qui n'ont pas leur place ici (« comprenez-vous les unes les autres », « embrassons nos sœurs et frères étrangers »...), pourquoi irais-je choisir la « fascination » de la compréhension interculturelle, quand d'autres « fascinations » m'appellent qui n'exigent pas que « je me casse la tête à me remettre en question » ? Pour une seule raison, franche, égoïste, brutale, convaincante : tôt ou tard, où que j'aille, même en restant chez moi, il est quasiment impossible aujourd'hui que je ne sois pas à mon tour l'étranger, l'opaque pour quelqu'un qui importe pour moi, qui m'attire, que j'aime, que j'épouse, que je mets au monde, ou tout simplement avec qui je veux faire des affaires. La pratique de l'analyse culturelle comme je la présente serait mon système de prévention contre la blessure possible dans des rapports interpersonnels voulus ou nécessaires, ma façon de mettre un baume sur ou de guérir la blessure réelle, et donc mon passeport pour l'aventure libératrice de l'expérience interculturelle. Comme de toute connaissance (piloter un avion, être à l'aise dans les chiffres), j'en retire une sensation de pouvoir sur l'inconnu, de plaisir dans la pénétration de l'inconnu.

C'est parce que l'inconnu n'a pas de limites que ce livre ne peut être qu'un début, une amorce ; que cette conclusion ne peut en être une, puisque, pour quiconque lit encore (pourquoi se soucier des autres ?), cette conclusion ne peut être qu'une introduction. Pour moi qui écris ce livre, un seul choix : partager cette « introduction » avec tout ce qu'elle comprend, par définition, d'incomplet, ou attendre d'avoir « tout » analysé avant d'écrire, et donc ne jamais écrire. Ce que j'ai choisi de faire n'est pas un mystère.

Pour souligner combien ce voyage n'est pas, pour moi, terminé ou terminable, je voudrais indiquer ici d'autres malentendus qui appellent l'analyse, et dont je n'ai fait qu'amorcer l'analyse. Je m'aventurerai ensuite à commencer d'interpréter les grandes lignes qui se dégagent des analyses déjà faites.

L'argent. Il faudrait parler de l'argent. Pour un Français, la tête d'un Américain pourrait facilement être remplacée par le signe « dollar ». Signe de « matérialisme incurable », d'arrogance, de pouvoir, de plaisir « grossier », non raffiné... la liste est interminable. Je n'ai jamais lu de livre sur les Américains, y compris ceux écrits avec sympathie, qui ne parle du « dieu dollar » ; je n'ai jamais eu ou entendu de conversation sur les Américains qui ne mentionne pas le dollar.

L'étranger découvre souvent avec « horreur » et « répulsion » que « tout aux États-Unis est affaire d'argent ». En effet, il suffit de lire les journaux pour y trouver des références constantes au prix des choses. Ainsi, un incendie n'est pas un fait divers, mais une force (naturelle ou criminelle) dont on calcule la dimension par ce qu'il a détruit, par exemple « *a row of two-hundred-thousand dollar homes* » (« une rangée de pavillons d'une valeur de deux cent mille dollars chacun »). En fait, s'il est un tant soit peu possible d'attacher un prix, si approximatif qu'il soit, à quelque chose, on est sûr de le voir mentionner. Ainsi, une Française s'indignait contre son beau-frère américain : « Il nous a montré la bague de fiançailles qu'il venait d'acheter, et il a fallu qu'il nous donne tous les détails sur l'affaire qu'il avait faite en achetant ce diamant... vous parlez de romantisme... » Je ne compte plus le nombre d'informants qui avaient une histoire semblable à rapporter (« j'étais là à admirer des meubles anciens magnifiques dans son salon, et vous savez ce qu'il a fait ? Il m'a donné le prix de chaque meuble, avec toutes sortes de détails que je ne lui demandais pas, j'étais gêné... non vraiment... »). De nombreux informants français se sont déclarés choqués par « cet étalage constant », ce « manque de goût de nouveaux riches », et ont affirmé, avec des variantes : « Moi, vous savez, j'ai une véritable répulsion pour l'argent. »

De leur côté, de nombreux Américains se sont étonnés en ma présence de la fréquence avec laquelle les Français parlent d'argent pour dire que « ça ne les intéressait pas » (« pourquoi en parler, alors ? »), ou de la fréquence avec laquelle ils disent de « toutes sortes de choses » que « c'est trop cher ». Certains trouvent les Français « mesquins » (« ils vous laissent toujours payer ») ou « hypocrites » (« pourquoi alors les Français vendent-ils des armes à n'importe qui ? »), trop respectueux de l'argent pour s'en jouer, ou trop étriqués pour prendre des risques. La liste des adjectifs que l'on se lance de part et d'autre à ce sujet semble particulièrement longue.

Un bref examen de certains détails ethnographiques m'a

cependant rendue perplexe. Ainsi, que dit l'article américain sur l'incendie de forêt qui a détruit ladite rangée de pavillons (à deux cent mille dollars chacun) en Californie ? Moi qui vis aux États-Unis, je sais qu'une maison qui vaut deux cent mille dollars en Californie est loin d'être un palais, au contraire. Si je m'attache littéralement au prix mentionné, je risque de ne pas comprendre le sens de l'article, parce qu'il voudrait littéralement dire : « qui a détruit une rangée de maisons comme il y en a tellement en Californie ». Or, j'ai traduit « *homes* » par « pavillons » pour respecter de plus près l'intention derrière le prix donné, c'est-à-dire « des maisons de haut standing » (ce que cette quantité d'argent ne pourrait acheter en Californie), et derrière le mot « *homes* » plutôt que « *houses* », qui en suggère l'individualité, le côté unique. Il faut donc voir en cette mention un élément porteur d'un sens d'une autre nature. Je pense que ce « prix » sert seulement de point de référence commun, qu'il ne représente pas une valeur réelle, mais une valeur symbolique immédiatement saisissable par quiconque lira l'article. Un équivalent français serait une référence à une époque (« du XVIIe siècle ») sans autre mention de l'état de l'immeuble.

De même, il est difficile de prendre l'exemple du diamant de fiançailles au pied de la lettre (« je suis pingre », « je ne suis pas romantique ») ; il est plus compréhensible si on l'interprète comme un message d'un autre sens. Pour l'Américain en question, de l'avoir obtenu au rabais ne changeait en rien la valeur réelle du diamant ni la valeur symbolique du geste ; mais ce « tour de force » rendait probablement le geste encore plus significatif par l'attention et le temps qui lui ont été ainsi consacrés (le pire des cadeaux étant celui qui n'exige aucun effort), et lui a probablement valu admiration et appréciation de la part de sa fiancée.

L'étude des cas où l'argent est mentionné exigerait tout un livre, raison pour laquelle je n'ai pas abordé la question dans un chapitre. Je me contenterai ici de soulever cette question et d'indiquer dans quel sens s'oriente mon interprétation.

Ce qui est frappant est que l'argent est chargé d'une multiplicité de sens dans la culture américaine, qu'il a atteint un niveau d'abstraction difficile à imaginer ailleurs. L'argent représente autant le bien que le mal, la dépendance que l'indépendance, l'idéalisme que le matérialisme, et la liste des contraires peut s'allonger à l'infini, selon que l'on parle à l'un ou à l'autre. Il est pouvoir, il est faiblesse, séduction, oppression, libération, jeu pur, haute voltige ; marque d'intelligence, marque d'amour, marque de mépris ; apprivoisable, plus dangereux que le feu ; il rapproche, il sépare, il construit, il détruit ; il rassure, il angoisse ; il émerveille, éblouit ou effraie ; il s'accumule lentement ou pleut en abondance soudaine ; il s'étale, est invisible ; il est matière, il s'évapore. Il est tout et rien, relève de la magie, existe et n'existe pas en même temps ; il est mystère. Le sujet provoque la haine, le mépris ou la défense passionnée des Américains eux-mêmes qui s'interrogent sans cesse sur la question.

Une association demeure, je pense, incontestable, quel que soit le ressentiment qu'elle provoque. L'argent symbolise le succès. Il ne suffit pas d'en avoir pour être admiré, au contraire ; il y a peu d'excuses pour le play-boy qui dilapide une fortune héritée. Gagner de l'argent, beaucoup d'argent, et le dépenser, c'est donner la marque la plus concrète, la plus visible, qu'on a su réaliser son potentiel, qu'on n'a pas gaspillé les « opportunités » offertes par les parents ou la société, qu'on cherche toujours à aller plus loin, à ne pas s'encrasser dans la stagnation, à relever le défi posé par les prémisses qui informent l'éducation des enfants (voir le chapitre sur les parents et enfants).

Il en découle que l'argent devient un dénominateur commun. Il est censé être accessible à tous, quelle que soit l'origine. Et, s'il crée des classes, il ouvre en même temps accès à ces classes à quiconque veut y entrer. (N'oublions pas qu'il s'agit ici de « vérités locales », de prémisses culturelles et non de réalités sociales.) L'argent serait donc le grand égalisateur, dans le sens que la classe sociale la plus élevée est, en principe, ouverte à tous, et que ceux qui sont nés dans cette classe sociale, s'ils ont, au départ, des avantages certains, doivent cependant mériter d'y rester, « faire leurs preuves ». Et il y a dans les journaux assez d'histoires de pauvres devenus millionnaires pour renforcer cette conviction.

Dans cette perspective, il devient compréhensible que l'on ne cache pas ses succès, mais qu'on les étale, qu'on les montre. En faisant connaître mes origines humbles, en manifestant mon succès, je ne suis pas en train d'écraser les autres (bien qu'il soit possible que je sois, personnellement, un vrai « puant »), mais je suis en train de montrer aux autres que c'est possible, d'encourager l'émulation par l'exemple, de réaffirmer une vérité culturelle : « Si je le peux, tu le peux. » D'où la coprésence constante du rêve et du succès, c'est-à-dire la réaffirmation constante que l'impossible (le rêve) est possible, et qu'atteindre à l'impossible ne dépend que de moi. La conclusion logique, et ironique, de ce qui précède est la signification essentiellement idée-aliste de l'argent dans la culture américaine, ce qui n'exclut pas son utilisation « matérialiste ».

Le malentendu entre Français et Américains en ce qui concerne l'argent, ne peut, je crois, se résoudre en faisant une analyse parallèle du sens de l'argent dans la culture française, non pas parce qu'on ne s'y occupe pas d'argent, mais parce que je crois que ce que les Américains expriment à travers l'argent, les Français l'expriment dans un autre domaine.

Je retiendrai de la brève analyse qui précède trois points. Le premier est que l'argent sert de point de référence commun, un raccourci de communication, une façon rapide de définir un contexte reconnaissable par tous, compréhensible quelle que soit ma situation financière. Le deuxième, c'est qu'il n'est pas de mauvais goût de raconter ses triomphes, ses succès dans ce domaine, qu'il s'agisse d'avoir réussi à obtenir un diamant à moitié prix ou d'avoir accumulé une véritable fortune, dans la mesure où cela n'implique pas désir d'écraser, fatuité, etc., qui ne relèvent pas de questions d'argent mais de personnalité. Et le troisième, c'est que l'argent est accessible à tous, permet (et encourage) l'ascension sociale, c'est-à-dire l'accès à toutes les classes.

Dans la mesure où ces trois points ne sont pas « vrais » pour la culture française, s'ils ne provoquent pas une « véritable répulsion », il faut chercher l'équivalent de ce porteur de message ailleurs que dans l'argent. Ce que j'ai fait, testant sans arrêt de nouvelles hypothèses que je me voyais forcée de rejeter. Jusqu'au jour où j'ai trouvé. Je sais que mon hypothèse va paraître scandaleuse à de nombreux lecteurs français, mon interprétation controversable, source de controverse. Je serais cependant heureuse si elle arrivait à provoquer un débat et, partant, à attirer l'attention sur l'urgence de l'analyse culturelle comme pratique. Je suis prête à accepter toute autre interprétation qui me paraisse plus convaincante que la mienne, si elle respecte les règles de l'analyse culturelle (et non celles des analyses psychologique, historique, économique, philosophique, ou sociologique, etc., dont je ne rejette pas la valeur, mais qui relèvent d'un autre domaine).

Le haut-le-cœur avec lequel de nombreux Français font face au « manque de goût » des Américains qui « se vantent de leur richesse », « font étalage de leur argent », etc., ressemble de près au haut-le-cœur avec lequel de nombreux Américains parlent du « manque de goût », de la « grossièreté » des Français qui « se vantent de leurs prouesses sexuelles », « sont fiers de leurs succès sexuels », etc., sujet réservé par les Américains au monde « peu civilisé » des *locker-rooms,* à l'intimité spéciale et forcée de ces vestiaires pour athlètes (bien que l'expression « *locker-room talk* » évoque traditionnellement des conversations masculines, elle s'applique tout aussi bien aujourd'hui aux conversations féminines des vestiaires de gymnases). Cette répugnance des Américains « de bon goût » à parler en public de leurs succès féminins ou masculins, de « conquêtes » sexuelles, est interprétée, en français, comme une preuve de plus du « puritanisme » américain. Or, la « pudeur » des Français en ce qui concerne les conversations publiques sur l'argent, les Américains auraient tendance à l'interpréter comme une forme de « puritanisme » français.

Cette accusation réciproque de « mauvais goût » m'a amenée à me demander si ce qui était vrai pour le succès et les conquêtes d'argent dans la culture américaine, était vrai de la séduction, des conquêtes amoureuses, des succès sexuels dans la culture française.

Alors qu'il est mal vu, en français, de faire étalage de son argent ou de ses titres, on peut parler de ses conquêtes amoureuses sans choquer (à moins de le faire pour écraser de sa supériorité, d'insulter, etc., auquel cas ce n'est pas le sujet qui importe mais la façon de l'utiliser de telle ou telle personne). On a, en français, beaucoup d'indulgence et d'admiration pour le séducteur et la séductrice, pour la femme et l'homme « irrésistibles », pour les petits et grands « charmeurs » des deux sexes. Séduire est un art qui s'apprend et se perfectionne.

De même que l'argent pour les Américains, la séduction amoureuse est, pour les Français, chargée d'une multiplicité de sens contradictoires, selon la personne à qui l'on parle, selon le moment où l'on pose la question. Si, cependant, un article de journal mentionne telle ou telle personne « séduisante », le terme ne renvoie pas à des caractéristiques indiscutables, mais à une catégorie reconnaissable par tous, à un point de référence commun, à un raccourci compréhensible dans la description. (Il est intéressant de remarquer que la traduction américaine de ce mot serait « *attractive* », mot qui, au contraire du français, évoque des caractéristiques identifiables et constantes. Le mot « *seductive* » évoquerait davantage la manipulation, la couleur péjorative de l'« attrape-nigauds ».)

La séduction, je l'ai dit, est un art pour les Français. Il ne suffit pas d'être beau pour séduire, il faut une certaine intelligence et un savoir-faire que l'on n'acquiert que par un long apprentissage, même si cet apprentissage peut commencer dans la plus tendre enfance (ainsi, une publicité pour vêtements pour bébés, sur une double page du magazine *Parents*, offre le costume parfait de la « briseuse de cœurs » et du « play-boy » ; ce qui montre combien cette qualité est désirable, puisque la publicité s'adresse, du moins je le suppose, aux parents acheteurs et éducateurs et non aux bébés). Il est donc « normal » que je sois fier de mes succès, que je réponde au défi constant de la nouvelle conquête, que je ne me repose jamais sur mes lauriers, que je ne gaspille pas mon talent. Il n'y a donc pas « mauvais goût » à en parler (mauvais goût et séduction sont, en quelque sorte, mutuellement exclusifs en français). Bien plus, je peux « généreusement » partager mes secrets et mes « réflexions » sur les hommes ou les femmes, dont j'aurai acquis une « profonde connaissance ».

De même que l'argent pour les Américains, la séduction est, pour les Français, peut-être le seul véritable égalisateur de classes. En fait, un des plus grands pouvoirs de la séduction amoureuse est justement qu'elle permet la transgression des divisions de classe. Les mythes français de la « femme entretenue », de l'attrait de la « midinette », du pouvoir séducteur de « P'tit Louis », et des innombrables séducteurs des deux sexes des romans, chansons, et films français sont suffisants pour le prouver.

L'intérêt d'un parallèle comme celui que je viens d'établir

est de montrer que des significations étonnamment semblables peuvent s'exprimer dans des domaines apparemment complètement différents. Le plus grand attrait de l'analyse culturelle est cependant, pour moi, la possibilité de remplacer un ennuyeux échange d'invectives par des explorations pour le moins fascinantes – véritable fête à laquelle je vous invite ici.

Une autre source de malentendus entre Américains et Français qu'il faudrait explorer davantage est l'attitude à l'égard d'engagements divers. De nombreux Français, fréquents visiteurs aux États-Unis, se sentent « coincés » par les invitations américaines faites des semaines en avance et, partant, ne se sentent pas tenus de faire ce qu'ils avaient accepté de faire alors qu'ils « n'avaient encore rien en vue pour ce jour-là ». Une Française s'étonnait de ce que des collègues américains, qui avaient organisé une grande soirée en son honneur « des semaines à l'avance », n'aient « pas du tout aimé » qu'elle les appelle le soir de la réception pour leur dire qu'elle et son compagnon ne pourraient pas aller chez eux « parce qu'ils avaient des billets pour un concert à ne pas rater ». Le couple en question est mondain et très au courant des conventions sociales en France. Ils avaient simplement de grandes difficultés à comprendre qu'on puisse leur demander de s'engager bien avant qu'ils puissent « être sûrs d'être libres », et qu'on puisse leur en vouloir de se décommander dans de telles circonstances.

Des rendez-vous sont pris. Le/la Français(e) ne vient pas, ne prévient pas, ne s'excuse pas et, quand on lui demande plus tard pourquoi il/elle avait manqué le rendez-vous, répond étonné(e) : « oh, j'ai oublié », ou « je ne croyais pas que c'était important », ou « j'étais pas d'humeur », ou « j'étais en train de parler avec X, je n'ai pas vu passer l'heure », etc., explications qui se posent comme suffisantes, et que l'Américain(e) interprétera comme une insulte (« tu n'as aucune importance pour moi ») ou comme une marque d'irresponsabilité (« on ne peut jamais compter sur eux »).

L'inverse est aussi courant. Une Américaine me racontait avec étonnement que sa « sœur française » (famille chez qui elle avait passé quelque temps en France) ne lui avait plus jamais écrit après un échange de lettres qui lui semblait être la cause de ce silence, mais dont elle ne comprenait pas vraiment la raison. Sa « sœur » lui avait écrit qu'elle allait lui rendre visite lors d'un voyage qu'elle faisait aux États-Unis, ce à quoi l'Américaine avait répondu en l'invitant avec enthousiasme ; puis, son oncle « étant devenu gravement malade » entre-temps, elle avait écrit à sa « sœur française », en « toute franchise », qu'à cause de ces circonstances familiales sa visite les « gênerait ». Silence alors, pour elle incompréhensible, de la part de la « sœur française ». J'ai, dans mes notes, plusieurs cas de cette catégorie.

Il semble clair que, pour comprendre ces malentendus, c'est le sens d'obligation, de *commitment* qu'il faut rechercher, et la manière dont il s'exprime dans chaque culture. Il est plus que probable que ces deux sens ne coïncident pas.

Comme on le voit, l'analyse de nos évidences respectives ne fait que commencer.

Je voudrais maintenant m'arrêter un instant sur des questions que l'on m'a posées, ou que l'on pourrait me poser sur mes analyses culturelles.

A supposer que je prenne conscience de mes évidences invisibles, et que je reconnaisse l'existence, et même la validité des évidences de l'autre, cela empêche-t-il que je sois agacé par cette différence, par cette conduite « incongrue » ? A supposer que je comprenne que mes besoins affectifs ou interrelationnels sont informés par ma culture, cela en diminue-t-il l'urgence ? Dois-je les renier ?

Je ne saurais souligner assez l'importance de ces questions. Il ne s'agit pas ici d'une question de pouvoir (« quelle culture doit gagner »), mais d'une question d'identité. On a trop longtemps cru que la meilleure qualité était l'adaptabilité, trop longtemps répété qu'à Rome, il fallait faire comme les Romains. Grâce à mes enquêtes, j'ai appris à bien connaître une situation interculturelle des plus angoissantes, celle des familles interculturelles où la différence avait été reniée avec succès. Je m'explique. Une Américaine qui vit en France depuis vingt ans, dont le mari est français, « et les enfants aussi », parle français couramment et pratiquement sans accent, me dit avoir tout fait pour s'adapter, et y avoir si bien réussi que sa famille et ses amis français ne se sont jamais aperçus de ce qu'il lui en coûtait, et qu'ils ressentent aujourd'hui comme une trahison son « soudain » besoin d'entendre parler anglais et de retourner toute seule, de temps en temps, aux États-Unis. La violence avec laquelle elle m'a décrit tous les « défauts » des Français, l'angoisse avec laquelle elle se sentait prise dans une contradiction intolérable (« est-ce que je peux dire à mes propres enfants que leur pays est affreux ? ») en disaient long sur le prix qu'elle payait pour sa « réussite », son adaptation qui avait fini par rendre sa différence négligeable sinon invisible. Désespérée, elle était même allée voir une psychiatre, tout en sachant qu'elle souffrait, mais « n'était pas malade » *(« there is nothing wrong with me »).*

Un Français de famille juive « en France depuis des siècles » et appartenant à la grande bourgeoisie, n'a « jamais pardonné à la France » d'avoir forcé sa famille à émigrer aux États-Unis pendant la Seconde Guerre mondiale. Il a donné une orthographe américaine à son prénom, a épousé une Américaine, donné des noms américains à ses enfants « élevés à l'américaine », refuse de parler français. La déchirure ne se voit que dans le fait qu'il enseigne la littérature française, avec un certain succès, semble-t-il.

Un autre Français, venu aux États-Unis pour un an, y est resté dix. Parle anglais parfaitement, thèse sur la littérature anglaise, amis américains, rapports sexuels américains, vie professionnelle américaine, voyages essentiellement américains. Souffre depuis de nombreuses années de dépression et troubles physiologiques mystérieux, longtemps suivi par un psychiatre sans grand succès.

De nombreux cas, de part et d'autre de l'Atlantique, racontent la même histoire. Les ethnologues connaissent bien ce mal, qui commencent souvent par succomber à la tentation de vouloir s'identifier complètement à la société qu'ils étudient, et se fondre dans le paysage (« go native »). Ce qui sauve les ethnologues, c'est qu'ils en reviennent assez vite, parce qu'il n'est pas de découverte de l'identité de l'autre sans conscience de sa propre identité. Le nombre inquiétant de ces blessés culturels, de ce que j'appelle en anglais « cultural casualties », comme on parle de blessés de guerre, m'a convaincue de l'urgence avec laquelle nous devons fonder une nouvelle discipline, former une nouvelle sorte de conseillers, de « culturanalystes » dont la spécialité serait les troubles interculturels. La responsabilité en revient à l'anthropologie.

Bien plus nombreux sont ceux qui, en un sens, ne s'adaptent pas, ou encore s'adaptent sans perdre leur identité culturelle, et retiennent (inconsciemment souvent) certains signes qui crient leur différence, un accent, une façon de s'habiller, un mode d'interaction, etc. Ils ne sont cependant pas à l'abri de l'agacement, de la fatigue, de la vexation, des malentendus interculturels. Par un système bien compréhensible d'auto-défense, ils font un portrait définitif des Français ou Américains, leur attribuent qualités et défauts (sous forme d'adjectifs) comme si ces caractéristiques étaient inhérentes à l'« étranger » en question et non un produit-témoin de leur propre culture. Français et Américains en font de même à l'égard de l'autre, de l'étranger qui s'installe ou est de passage chez eux, inévitablement dérangés par les questions implicites que pose la différence.

Ce sont ces derniers qui se sentent le plus le droit de demander : L'analyse culturelle, pourquoi faire ? Qu'ils s'adaptent ou qu'ils partent. Pourquoi changerais-je ?

Parce que la différence culturelle est aujourd'hui impossible à éviter, qu'elle fait partie du tissu de notre quotidien, et que quiconque ne la voit pas a simplement les yeux fermés, veut les garder fermés au risque de se mutiler. Parce que le « départ » de la différence culturelle est impossible.

Parce que la pratique de l'analyse culturelle ne va rien changer de ce que je considère essentiel en moi, mais va m'enrichir d'une nouvelle façon de penser, me fournir un instrument de plus dans mon appréhension du monde mystérieux qui m'entoure, me donner accès à une nouvelle sorte de plaisir, me permettre d'intéressantes découvertes autant sur moi que sur l'autre, autant sur ma culture que sur celle de l'autre. Parce que je pourrai reconnaître avec humour (et un certain sentiment de puissance) des situations, des phrases, des conduites, des mots qui auparavant me blessaient, me gênaient, me chiffonnaient, ou me mettaient en colère, et parfois me désespéraient.

Parce que je n'aurai plus peur de l'étranger, de l'opaque, de l'inconnu, de la différence.

Parce que revoir les grands maîtres de « ma » littérature dans cette perspective leur donnera une signification nouvelle, créera des liens transcendant peut-être les siècles et les distances. Parce que je pourrai apprendre à « lire » la différence culturelle dans l'écriture, dans la structure d'un livre (et même la place de la table des matières), dans l'agencement d'un chapitre, l'ordonnance d'un discours, la persuasion d'un argument, la définition du « logique ».

Parce que j'aurai trouvé la source d'énergie dans la faille, que j'aurai compris comment la rupture n'est pas cassure, mais source inépuisable d'émerveillement, grotte magique. Parce que j'aurai découvert le secret des grands artistes d'aujourd'hui.

Parce que je sais l'avantage et le plaisir de parler plus d'une langue, et que je peux imaginer l'avantage et le plaisir de parler plus d'une culture.

Parce que je pourrai explorer ce qui m'attire dans l'exotisme, sans lui faire perdre son attirance. Parce que je pourrai voir l'invisible, l'exotique en moi.

Simplement parce que. Pour la beauté de l'aventure.

Une autre question qui se pose est celle du changement culturel. Notre société (toute société) est constamment en train de changer, ne peut survivre sans changer. Comment exercer l'analyse culturelle, qui repose sur la permanence de certaines prémisses d'une société en flux perpétuel ?

Ma réponse va, là encore, être « controversielle ». Je ne la donne pas comme vérité, mais comme sujet à réflexion.

L'abondance des sondages de toutes sortes, faits tous les jours sur tous les sujets, nous a habitués à penser que, parce que certaines statistiques changeaient, notre société changeait en même temps. Je ne m'étendrai pas là-dessus, il n'y a rien de nouveau à ce que je dis.

Les sociologues et anthropologues qui ont fait du « changement culturel » leur sujet d'étude ont vastement contribué à renforcer notre conviction que changement social et changement culturel sont identiques, ce qui est, je le maintiens, une erreur profonde. Il suffit, pour s'en persuader, de considérer un moment les « révolutions » récentes du monde occidental : révolution sexuelle, 68 ou l'équivalent, la révolution écologique, le féminisme, les nouveaux pères, etc. Indéniablement, il y a eu changement. Mais ce qui devient vite apparent à l'étude, c'est que chacune de ces révolutions s'est faite d'une manière différente selon la culture des révolutionnaires. L'incompréhension du féminisme français par les féministes américaines n'a d'égal que l'incompréhension du féminisme américain par les féministes françaises. Il en est de même des autres révolutions. Dans mes enquêtes auprès des jeunes des deux pays, j'ai été étonnée de retrouver constamment les mêmes attitudes profondes que celles de leurs parents et grands-parents, mais accompagnées d'une mise en garde de tolérance internationale, et exprimées dans un vocabulaire de jeunes.

D'autre part, il ne faut pas être sorcier pour se rendre compte que nos jeunes se ressemblent plus qu'ils ne ressemblent à leurs parents, que nos tours se ressemblent, que nos supermarchés se ressemblent, que nos restaurants se ressemblent, que nos voitures se ressemblent ; que les Américains achètent leur pain, leurs croissants, leur Perrier, leurs fromages, leur moutarde et leurs vins français, tout autant que les Français achètent Coca-Cola, bourbon, ketchup, jeans, hamburgers, feuilletons télévisés, films, disques, etc., américains. Ici et là, les mêmes articles de journaux qui s'indignent de « l'invasion » de l'autre culture ou de l'autre langue, qui se moquent du snobisme de telle mode ou telle boisson « étrangère » ; les mêmes cris d'alarme, les mêmes réactions de refus. Les mêmes problèmes et inquiétudes concernant les crimes, l'insécurité, le trafic de drogues, le suicide des jeunes, « la décadence morale », la solitude des vieux, le scandale de la pauvreté ; la menace nucléaire, le cancer, les crises cardiaques, les divorces, l'aliénation, le stress ; l'alcoolisme ; la violence... Plus d'un voyageur, dans l'un ou l'autre sens, s'est étonné, déçu, de ne pas s'étonner, de retrouver le familier là où il attendait le choc de l'étranger.

202

Les bouleversements technologiques semblent accélérer, tous les jours, cette course vers l'uniformité. Comment de tels changements visibles, indéniables, peuvent-ils être compatibles avec l'idée de différences culturelles profondes ?

Il faut faire la distinction entre les changements réels, mais que j'appellerai « de surface », et la résistance des prémisses culturelles à changer. J'insiste ici sur le fait que « de surface » ne veut pas dire « superficiel ». Ces changements ne sont pas du tout illusoires, ne sont pas l'effet de sens trompeurs ou de recherches défectives. Pour être « de surface », les changements n'en existent pas moins, n'en sont pas moins importants. L'erreur ne consiste pas à croire qu'ils existent, elle consiste à en faire la preuve, le signe indiscutable du changement culturel.

Il est plus facile de faire la différence entre ces deux sortes de changements si on prend l'exemple de la transformation de la langue. A un niveau, qui correspond à ce que j'appelle « de surface », les changements sont évidents et indéniables, même dans l'espace de vingt ans, comme peuvent nous le confirmer les enseignants (parfois désespérés) des deux pays. Il suffit de vivre une vie de longueur « normale » pour assister à des changements d'ordre syntaxique (ou tout au moins des pressions fortes), et aussi et surtout à des changements dans le vocabulaire. Ces changements ne sont pas assez grands, cependant, pour empêcher la compréhension de textes écrits à des époques qui précèdent de loin (de très loin même) notre naissance. Il arrive un moment où la compréhension devient de plus en plus difficile et, si on remonte assez loin, la lecture est impossible sans apprentissage. C'est le cas de l'ancien français, par exemple. Il m'est cependant plus facile d'apprendre à lire (à comprendre) l'ancien français à l'école, si je suis français, que d'apprendre une langue complètement étrangère.

De même que dans la langue, les changements profonds,

irréversibles, sont très lents, à l'inverse des changements que j'appellerai « sociaux » dont on peut non seulement être témoin, mais aussi étudier et analyser la nature et le processus.

Si je ne peux pas prendre conscience du changement culturel, c'est parce qu'un tel acte serait, par sa nature même, contradictoire. L'évidence est ou n'est pas, elle ne se transforme pas sous mes yeux. De plus si, par définition, mes prémisses culturelles informent ma façon d'appréhender le monde, ma « vérité », elles me sont invisibles, je n'en ai pas conscience. Je peux, par un effort d'analyse, prendre conscience de leur existence, et peut-être même découvrir la forme de quelques-unes d'entre elles, mais je ne peux, quels que soient mes tours de force, prendre conscience de leur transformation, parce que justement, dans ce cas, je ne les reconnaîtrais pas. Mes prémisses culturelles ne peuvent pas en même temps être miennes et être opaques. C'est au contraire leur transparence qui les définit.

En d'autres termes, les prémisses culturelles ne changent pas, elles meurent ; ou plutôt elles rejoignent les autres prémisses au paradis des prémisses, entre réincarnations culturelles. Et comme nos prémisses sont innombrables, la retraite de l'une et la recombinaison des autres passent complètement inaperçues. Le phénomène du changement culturel n'est donc appréhendable que rétrospectivement, longtemps, bien longtemps après qu'il a pris place, quand l'invisible, le transparent est devenu opaque. Il relève alors d'une sorte d'archéologie culturelle.

Quand il y a changement de la sorte que j'appelle « social », « de surface », les prémisses culturelles ne changent donc pas, elles restent les mêmes, mais la forme sous laquelle elles sont exprimées change. C'est pour ainsi dire le « vocabulaire » culturel qui change. C'est seulement dans cette perspective que l'on peut comprendre comment changement et continuité coexistent dans toute société, comment des gens de « classes » différentes, citadins ou ruraux, jeunes ou vieux, bref apparemment (c'est-à-dire « en apparence », « à la surface ») différents, appartiennent à et reproduisent la même culture, partagent les mêmes prémisses culturelles, dont ils réaffirment sans cesse la vérité sans en avoir conscience, et dont ils assurent la continuité dans tous leurs contacts avec leurs cadets. Et comme, je le répète, ces prémisses coexistent quels que soient leur nombre et leur caractère contradictoire, la façon dont je les exprime me sera unique, ce qui explique comment je peux être un être culturel et préserver mon individualité, ne pas être un robot. En d'autres termes, j'ai, avec ma culture, la même sorte de rapport que j'ai avec ma langue maternelle (ou paternelle) : j'utilise la même syntaxe et le même vocabulaire que des milliers ou des millions d'autres personnes. Certaines de nos phrases sont très semblables ou même identiques (clichés, formules de politesse, etc.), mais la majorité des phrases que nous créons tous les jours à l'intérieur de cette langue commune sont uniques, portent en elles notre marque et celle du contexte dans lequel nous les créons.

Comme la langue, la culture qui ne change pas devient figée et meurt. Mais, comme la langue, elle change à un rythme qui transcende la durée d'une vie humaine. Et quand le changement est très grand, cette culture n'existe plus en tant que telle, elle devient une autre culture. Les deux cultures ont alors des liens reconnaissables par l'analyse, mais sont devenues opaques l'une à l'autre, comme c'est le cas des langues, le français et le latin, par exemple.

Les implications d'une telle théorie sont multiples, et ne peuvent que créer des remous sinon des vagues.

Une de ces implications est que vouloir « préserver » une culture est voué à l'échec. En effet, je suis porteuse ou porteur de ma propre culture, mais je ne peux la retransmettre sans l'apport de mes co-culturels, sans le réseau de communication qui donne un sens à mes échanges. Ce qui veut dire que pour vivre et persister, une culture doit être réaffirmée et renouvelée par un constant brassage en dehors de mon contrôle, qui ne peut dépendre de ma volonté, dans la mesure où je participe moi-même à ce brassage sans en avoir conscience. Ma culture est en moi, est moi, mais me dépasse. Si elle ne me dépasse pas, elle n'existe plus. Je ne peux retransmettre ma « vérité » qu'inconsciemment, en la vivant involontairement. Dès que je la reconnais comme « ma » vérité, je reconnais en même temps sa nature arbitraire et ne peux plus en affirmer la valeur indiscutable, puisque je reconnais alors sa non-unicité (ce n'est plus « la » vérité). Or, pour préserver, je dois identifier et définir, je dois donc limiter et circonscrire. Ce faisant, j'affirme, que je le veuille ou non, que ce que je veux préserver est en dehors de moi. Ainsi, si je coupe ma main, je peux la préserver dans du formol mais elle ne vit plus, tandis que je peux vivre sans elle. Pour continuer à vivre, elle devrait être greffée à un autre corps vivant, auquel cas ce ne serait plus ma main. Pour que ma main reste ma main, elle doit faire partie du système, que j'appelle mon corps, à la vie duquel elle participe, et qui lui donne vie. Détachée de moi, elle peut être « préservée » et morte, ou vivre et ne plus être mienne, donc elle-même. Pourrait-on même encore dire que c'est « une main », si elle est greffée à un système vivant autre qu'un corps humain, qui ne la rejette pas mais en transforme l'utilisation et le sens (cette possibilité ne relève pas de la science-fiction) ? Il en est en quelque sorte de même pour ma culture. Voilà pourquoi tout effort de « préserver » une culture est contradictoire dans les termes (et donc voué à l'échec). Nous pouvons seulement préserver des traditions, des coutumes, des sortes de musique, des plats, etc., bref un « vocabulaire » de notre passé. (Tout ce que nous appelons « civilisation » relève donc de cet effort de préservation et ne devrait pas être confondu avec la culture – dans le sens anthropologique s'entend.)

Par conséquent, quels que soient leurs efforts, les immigrés ne pourront pas empêcher leurs enfants d'être des produits culturels du pays d'adoption. Ils ne pourront, par leurs efforts de préservation, qu'accentuer la faille entre les deux cultures, et empêcher l'harmonisation. Ils réussiront à rendre la déchirure douloureuse, mais ne pourront en aucune manière empêcher le métissage culturel. Il n'existe pas, il n'a jamais vraiment existé, de « culture pure » (même dans les minuscules atolls isolés comme Nukuoro, il y a toujours eu contacts interculturels). La difficulté de l'immigré (quelle que soit sa classe sociale) vient de la difficulté à ne pas être tout à fait invisible en « s'adaptant » complètement, et à ne pas être, en même temps, trop visible, en « refusant de s'adapter ». Ce choix qui, par sa nature contextuelle, est en état constant de flux, déterminera la façon dont ses enfants vivront leur biculturalisme (richesse/entrave).

Bien sûr, je parle ici de l'immigration individuelle, non de l'immigration massive qui ne permet pas d'échapper (à supposer qu'on le veuille) à l'acculturation, mais peut en ralentir le processus. Il semble que, dans tous les cas, l'acculturation soit complète en deux générations. La situation des Noirs américains présente un cas spécial. Dans la mesure où il y a eu non pas immigration, mais importation, esclavage, et interdiction d'acculturation sous peine de danger (de mort souvent), il a fallu bien plus que la suppression de l'esclavage pour que les Noirs vivent ouvertement le conflit de leur double appartenance culturelle. A l'intérieur des États-Unis, les Noirs peuvent accentuer leur appartenance à la culture noire pour se démarquer des Blancs, refuser à leur tour la fusion. Mais qu'un Noir américain vous raconte son séjour en France, ou en Espagne, ou en Afrique, il n'y a pas d'erreur, c'est un Américain qui parle. Et il ne s'agit pas seulement de « privilégiés » qui peuvent se permettre des voyages, puisque l'armée est un des meilleurs agents de voyage.

Je suis, par ailleurs, persuadée que la « culture noire » américaine constitue une sorte de trait d'union entre la culture française et la culture américaine, et certains malentendus entre Noirs et Blancs américains ressemblent de près aux malentendus franco-américains. La conversation, les jeux de langage, la taquinerie vive, les rires-ponctuation des Noirs américains semblent très proches de ceux des Français. Il en est de même de certains rapports entre parents et enfants, et de rapports de couple. Plus j'enquête auprès de Noirs américains, plus je lis de littérature, de poésie orale, d'ethnographie, plus je suis convaincue que ces aires de ressemblance existent. Mais je n'ai fait cette découverte qu'assez tard dans mes recherches. Je n'ai donc pas encore pu établir si l'existence de ces ressemblances permettait ou non d'éliminer certains malentendus interculturels entre Américains noirs et Français.

Si ma culture, qui vit en moi et par moi, ne dépend cependant pas de mon existence pour vivre (ma culture ne sera en rien atteinte, affaiblie, en danger, quand je mourrai), cela veut dire qu'elle ne m'appartient pas plus qu'à tout autre ; que je ne peux prétendre en être un meilleur représentant qu'un autre, en être dépositaire privilégié. Malgré toutes mes illusions possibles à ce sujet, je ne peux pas être « plus français(e) » que X ou Y, que mes ancêtres aient été des Gaulois, des Celtes, des Latins, ou des Algériens. Mais le fait que je pense en termes de droit plus ou moins grand à l'appartenance culturelle est une de mes « évidences invisibles », une de mes « vérités » françaises que je partage autant avec les anciennement qu'avec les récemment acculturés. Parce que la culture est une façon de voir le monde, pas un droit d'ancienneté.

Je n'ai pas besoin d'insister ici sur les conséquences d'une telle affirmation.

Une autre question que l'on pose souvent à l'analyse culturelle est celle des « différences régionales ». Nous savons tous qu'il existe de grandes différences entre le nord et le sud des États-Unis, entre la Bretagne et le Midi, etc. Que faire de ces différences ? Comment concilier ces différences avec l'idée de culture ?

Ici encore, comme dans le cas mentionné plus haut des « changements sociaux », il s'agit de différences de surface. Différences réelles, mais à un niveau autre que celui de signification. La différence est dans la façon d'exprimer, pas dans la signification de ce qui est exprimé. Les prémisses culturelles vivent dans le monde raréfié de l'abstrait, de la logique ; les différences régionales, les changements sociaux appartiennent, au contraire, au monde concret de la représentation. La multiplicité des représentations est ce qui rend l'analyse culturelle difficile mais fascinante. Le défi consiste à découvrir comment des « textes » qui appartiennent à la même culture mais sont apparemment différents (entrer dans une maison, avoir une conversation, par exemple) peuvent affirmer la même vérité, être deux expressions également valables de la même proposition culturelle ; ou encore comment des « textes » qui appartiennent à des cultures différentes, mais que l'on suppose identiques au nom de l'universalité de sentiments humains (l'amitié, l'amour, la famille, etc.), peuvent exprimer des propositions culturelles différentes et même affirmer des vérités contraires (d'où la possibilité de malentendus interculturels).

Ainsi, j'ai rapidement montré plus haut comment la signification de l'argent pour les Américains et celle de la séduction pour les Français pouvaient devenir moins opaques si elles étaient mises en parallèle. Si on présuppose que l'argent (ou la séduction) a la même signification dans les deux cultures, on se bute au malentendu. Arrêtons-nous un instant sur le sens non dit, implicite de l'argent pour des Français.

Dans son livre, *la Mémoire longue* [1], Françoise Zonabend analyse de façon très approfondie la nature et la finalité de certains échanges (de cadeaux, de denrées, de services, de savoir, échange verbal) dans la communauté de Minot, et montre comment l'échange « fait la cohésion des parentés, la solidarité du voisinage » (p. 87). Elle montre aussi comment « on répugne à faire usage de l'argent pour des produits que l'on peut se procurer autrement », et comment « ces échanges expriment et réaffirment les liens entre les maisonnées » (p. 93). Cette comptabilité des échanges (dont l'interruption signifierait rupture, refus de liens) dans le temps constitue, en gros, ce qu'elle appelle la « mémoire longue ». Dans cette perspective, l'argent, par lequel l'échange se règle immédiatement, ne constituerait même pas une « mémoire courte », mais l'absence de mémoire, une sorte de degré zéro de la relation.

On se rappelle comment, dans le chapitre sur la conversation, l'absence de toute relation entre client et commerçant français (chez la boulangère par exemple) était manifeste dans leur échange verbal réduit à son strict minimum (je demande du pain, je reçois du pain, je paie, je repars avec « mon » pain : pain échangé contre argent, transaction terminée). La conversation nous permet de transformer un échange sans mémoire en échange à mémoire, et un acte nécessaire (acheter, vendre) en acte social. En fait, un fil conducteur se dégage de toutes les analyses des chapitres précédents : ce qui paraît le plus opaque aux Américains, ce sont les différentes façons françaises d'affirmer ou de réaffirmer des liens, de séparer ceux du groupe de ceux du dehors, de « dire » à l'autre qu'il (elle) fait ou non partie du groupe. Mes « dettes » sociales me situent dans un réseau, mes dettes d'argent non. Et cela n'a rien à voir avec la valeur « morale » ou « immorale » de

1. Paris, PUF, 1980.

l'argent : l'argent est simplement « étranger » au système de relations porteuses de sens pour les Français.

A Nukuoro, comme nous avions besoin d'aide et de services de toutes sortes, nous avons engagé, ou fait des accords avec plusieurs personnes de l'île, et nous avons payé avec de l'argent ces services, puisque nous n'avions ni terres, ni cocotiers, ni taros, bref ni objets ni talents qui nous permettent d'entrer dans le système d'échanges locaux. Les Nukuoro ont reconnu notre « dénuement » mesuré à l'échelle locale, et pouvaient utiliser cet argent dans leurs achats d'objets importés. Aussi ont-ils accepté d'être payés pour le poisson qu'ils allaient pêcher pour nous, ou pour les services pour lesquels nous étions totalement à leur merci. Nous avons cependant très vite découvert que l'argent que nous leur donnions ne nous libérait en rien des obligations familiales qui définissent les réseaux dans lesquels nous avions été intégrés, et sans lesquels personne ne nous aurait « aidés ». N'ayant pas l'habitude d'utiliser l'argent autrement que pour acheter ce que « le bateau » apportait tous les deux ou même trois mois (riz, piles et torches, coton imprimé, cigarettes, et autres objets de ce genre), ils n'hésitaient pas, au nom de notre relation familiale, à nous demander de leur commander ou de rapporter de nos voyages aux États-Unis les choses les plus inattendues (alliances en or, instruments de musique, etc.), non pour profiter de notre naïveté ou par cupidité, mais parce que seuls des « cadeaux » (quels qu'ils soient, indépendamment de leur prix, d'où leur valeur tantôt « extravagante », tantôt « insignifiante » selon nous) pouvaient nous permettre de participer à un système d'échanges qui aient, pour eux, un sens, et dans lequel l'argent ne jouait absolument aucun rôle.

L'industrialisation, l'urbanisation, la modernisation, et tous autres mots en -ion, ont rendu extrêmement difficiles des échanges comme ceux qui ont cours à Minot, ou à Nukuoro, mais n'ont en rien diminué leur sens et leur importance pour

les Français. Il y a donc eu changement « social », mais non
« culturel ». La prémisse culturelle (qui pourrait prendre cette
forme : « *je* existe dans un réseau ») informe toujours autant
ma façon de voir française, que je (français) vive à Paris ou
dans un tout petit village perdu, que j'écrive « l'enfer, c'est
les autres », ou que j'écrive *Essai sur le don*. Ce qui change,
c'est la façon d'exprimer cette vérité, mais pas cette vérité
elle-même.

De même, des analyses des chapitres précédents se dégage
une prémisse culturelle américaine qui s'exprime de plusieurs
façons. Cette prémisse pourrait prendre la forme suivante :
« *Je* existe en dehors de tout réseau. » Ce qui ne veut pas
dire que ces réseaux n'existent pas, ou n'ont pour moi
(américain(e)) aucune importance, mais que je me fabrique,
je me définis moi-même. Qui que je sois dans la société
américaine, d'où que je vienne, quoi que j'aie, c'est moi qui
fabrique le tissu de mon identité, comme d'ailleurs l'évoque,
dans un contexte plus circonscrit, l'expression « *self-made
man* ».

Dans la culture française donc, je suis toujours fabriqué(e)
par les réseaux qui me donnent mon identité (d'où le petit
jeu social qui consiste à déceler les « origines ») et l'air que
je respire. Par conséquent, quelle que soit l'identité que je
m'affirme, elle peut être remise en question par n'importe qui
du même réseau que moi (à la limite, par n'importe qui de
culture française), et très souvent, c'est ce qui arrive ; ma
« vraie » identité m'est toujours donnée par l'autre. Mon identité française me sera toujours conférée par l'autre, le (la)
« vrai(e) Français(e) », dont l'identité française sera à son tour
définie par l'autre. D'où le fameux : « L'enfer, c'est les autres »
de Sartre. Mais, si les autres c'était toujours et seulement
l'enfer, un tel système ne pourrait survivre, il irait rapidement
à sa destruction. Les autres, dans la culture française, c'est
aussi « le paradis » : je suis autant nourri(e), porté(e), et

rendu(e) signifiant(e) par le réseau de relations qui me définit, que je peux être coincé(e), étouffé(e), opprimé(e) par lui. Sans ce réseau, je suis hors de mon élément et j'en souffre d'autant plus que je n'en ai pas conscience.

Par contre, si je me dis « américain(e) » à des Américains, ils peuvent exprimer de la surprise, mais ne remettront pas mon affirmation en question, quel que soit mon accent. Ils pourront me demander d'où je viens, mais, là encore, ce n'est pas pour mettre à nu ma tricherie (à moins qu'il s'agisse d'immigration illégale). Ce n'est pas parce que l'Américain est plus généreux ou moins sceptique que le Français, mais essentiellement parce que si c'est ainsi que je veux me définir, cela me regarde, et que tous les efforts des autres n'y changeraient rien. Une nouvelle expression américaine est intéressante à ce sujet : on parle, depuis peu, de *new Americans* pour désigner ceux qui ont immigré récemment, qui ne peuvent peut-être même pas encore parler anglais. L'expression n'est en aucun cas péjorative, elle souligne au contraire le droit à la nouvelle identité.

Puisque je suis responsable de mon identité, je n'ai aucune raison de cacher mes « origines » puisqu'elles ne me définissent pas (si mes origines sont très humbles, je n'ai que fierté à tirer de mon succès ; si je viens de la plus haute société, je dois prouver que je peux y rester, et si j'en tombe, je suis tout autant responsable de ma chute). Cela explique que les Américains ne trouvent pas embarrassantes des questions que les Français pourraient trouver « personnelles » (« Que font vos parents », etc.), et que la biographie de toute personne en vue ne soit un secret pour personne. Que le père ou le frère d'un président soit ou ait été un alcoolique ou un bon à rien ne change vraiment rien à l'affaire.

Américain(e), je peux donc passer d'un réseau à l'autre, tenter de les essayer tous ou de tous les rejeter, je peux braver l'opinion de tous. J'ai appris que je suis, que je serai mon seul juge. Je suis donc responsable de mon bonheur. D'où mon angoisse. Je porte aussi en moi mon propre enfer.

Pour finir et fermer le cercle (ma culture française montre le bout de son nez), je voudrais rappeler ici l'infinité des tortues, dès que commence l'analyse culturelle : ce livre, que je termine par ces lignes, est lui-même un texte culturel à analyser. Je sais que si j'ai recherché, comparé, voulu comprendre, ce n'est pas par accident.

Table

CET OUVRAGE A ÉTÉ COMPOSÉ PAR L'IMPRIMERIE FLOCH À MAYENNE
ET ACHEVÉ D'IMPRIMER PAR NORMANDIE ROTO IMPRESSION S.A. (9-99)
DÉPÔT LÉGAL JUIN 1991. N° 13300-3 (991989)

LA COULEUR DES IDÉES

Raymonde Carroll
évidences invisibles
Américains et Français au quotidien

Murray Edelman
Pièces et Règles du jeu politique

John Rawls
Théorie de la justice

Philippe Van Parijs
Qu'est-ce qu'une société juste ?
Introduction à la pratique de la philosophie politique

Paul Ricoeur
Lectures 1
Autour du politique

Groupe µ
Traité du signe visuel
Pour une rhétorique de l'image

Françoise Choay
L'Allégorie du patrimoine

Stéphane Mosès
L'Ange de l'Histoire
Rosenzweig, Benjamin, Scholem

Roger Dragonetti
Un fantôme dans le kiosque
Mallarmé et l'esthétique du quotidien

Pierre Saint-Amand
Les Lois de l'hostilité
La Politique à l'âge des Lumières

Daniel Sibony
Les Trois Monothéismes
Juifs, Chrétiens, Musulmans entre leurs sources et leurs destins

Allen S. Weiss
Miroirs de l'Infini
Le jardin à la française et la métaphysique au XVIIᵉ siècle

Frances Tustin
Autisme et Protection

Paul Ricoeur
Lectures 2
La contrée des philosophes

Jean-Jacques Wittezaele et Teresa Garcia
A la recherche de l'école de Palo Alto

Pierre Pachet
Un à un
De l'individualisme en littérature (Michaux, Naipaul, Rushdie)

Janine Chanteur
Du droit des bêtes à disposer d'elles-mêmes

Francisco Varela, Evan Thompson, Eleanor Rosch
L'Inscription corporelle de l'esprit
Sciences cognitives et expérience humaine

Collectif
Système et paradoxe
Autour de la pensée d'Yves Barel

Geneviève Bollème
Parler d'écrire

John Rawls
Justice et Démocratie

Paul Ricoeur
Lectures 3
Aux frontières de la philosophie

J. L. Austin
Ecrits philosophiques

Marc-Alain Ouaknin
Bibliothérapie
Lire, c'est guérir

Colloque de Cerisy
L'Auto-organisation
De la physique au politique
Sous la direction de Paul Dumouchel et Jean-Pierre Dupuy

Bernard Lempert
Désamour

François Dubet
Sociologie de l'expérience

Jacques Ellul
La Subversion du christianisme

Daniel Sibony
Le Corps et sa danse

Alexandre Luria
L'Homme dont le monde volait en éclats

Philippe Julien
L'Etrange jouissance du prochain
Ethique et psychanalyse

Tzvetan Todorov
La Vie commune
Essais d'anthropologie générale

Jacques Soulillou
L'Impunité de l'art

Michael Franz Basch
Comprendre la psychothérapie
Derrière l'art, la science

Myriam Revault d'Allonnes
Ce que l'homme fait à l'homme
Essai sur le mal politique